Allgemeinwissen

von A-Z

Autor

Christian Bunt

Inhaltsverzeichnis

Warum ein gutes Allgemeinwissen so wichtig ist! 1

A wie Aufklärung...3

B wie Bräuche und Traditionen...6

C wie Chemie...9

D wie deutsche Erfindungen..12

E wie Erde...16

F wie Flora 20

G wie Genetik und Gentechnologie 24

H wie Homo sapiens sapiens 28

I wie Industrielle Revolution...31

J wie Jahr...34

K wie Körper..37

L wie Literatur..40

M wie Musik 43

N wie Nachhaltigkeit..46

O wie Oper...50

P wie Paradoxon 53

Q wie Quantenphysik 56

R wie Religionen der Welt 60

S wie Sprachen 63

T wie Technik 66

U wie Umwelt 69

V wie Vitamine 72

W wie Wasser 75

X wie X..78

Y wie Yoga 81

Z wie Zoologische Fakten..84

Nun zum Schluss.. 87

Rechtliches und Impressum 88

Impressum 89

Warum ein gutes Allgemeinwissen so wichtig ist!

Ein gutes Allgemeinwissen zu haben, ist erstrebenswert, denn damit zeigen Sie, dass Sie sich auf vielen Gebieten auskennen und an vielen Themen geistig partizipieren. Die Schulbildung ist bei Vielen schon einige Zeit her und hat auch nicht die Themen abgedeckt, welche Sie heute beschäftigen. Dieses kleine Werk zum Allgemeinwissen hilft, den bestehenden Bildungskanon zu überarbeiten, zu erneuern und zu erweitern. Außerdem haben Sie hier die Möglichkeit, neue Wissensbereiche für sich zu entdecken, auf die Sie normalerweise nicht gekommen wären. Vielleicht haben Sie ein Studium absolviert oder sind schon lange im Beruf, dann hilft dieses Allgemeinwissen auch, Spezialisierungen zu überwinden und sich über den eigenen Tellerrand hinaus zu informieren und zu bilden. Mit einer breiteren Basis haben Sie auch die Möglichkeit, neue Informationen besser einordnen zu können. Wahrscheinliches von Unwahrscheinlichem zu trennen. In einer Debatte mitreden zu können. Mit Allgemeinwissen können Sie auch Mitmenschen wichtige Fakten nennen, Diskussionen voranbringen und Gesprächsstoff bieten. Dabei ist es nicht nötig, selbst zu googeln, sie können spontan in Gesprächen reagieren und sich auf fundierte Fakten verlassen.

Mit Allgemeinwissen können Sie auch beim Arbeitgeber oder in Bewerbungsgesprächen punkten. Wobei das vorliegende Büchlein kein konventionelles Allgemeinwissen darstellt. Hier gibt das Alphabet die Richtung und die Themen vor, die nach allgemeiner, sowie aktueller Relevanz ausgewählt sind. Außerdem sind die Themen so gewählt, dass sie ein breites Interesse wecken. Interessante, wissenswerte Fakten werden nicht ohne ein Augenzwinkern präsentiert.

In der heutigen Zeit, in der wir uns auch mehr Zeit zu Hause und in der Familie beschäftigen, bietet es sich an, sich eine Lektüre, wie das Allgemeinwissen von A bis Z vorzunehmen. Hier erfahren Sie Wissenswertes, Unterhaltsames und Erstaunliches, welches Sie mit Ihren Mitmenschen teilen können. Mit Zeit und Spaß Interessantes aus 26 Bereichen entdecken.

Los geht's !

A wie Aufklärung

„Aufklärung ist der Ausgang des Menschen aus seiner selbstverschuldeten Unmündigkeit." Diesen Leitspruch prägte Immanuel Kant (1724 – 1804) für eine Zeit, die als Aufklärung (1720 – 1800) in die Geschichte eingehen sollte. Die Namensgebung stammt aus der Meteorologie und beinhaltet eine Metapher, denn sie steht für das Licht, welches die Menschen erhellen und aus ihrer selbstverschuldeten Unmündigkeit führen soll. Der Mensch soll angetrieben werden, selbst zu denken und alles kritisch zu hinterfragen. Damit soll die Selbstbestimmung des Individuums erreicht und ermöglicht werden. Ausgelöst wurde diese Zeit dadurch, dass sich der dritte Stand auflehnte. Dieses fand seinen Höhepunkt in der französischen Revolution 1789. Da das Volk mit der bestehenden Ständegesellschaft des Absolutismus unzufrieden war, nahm es zunehmend Kritik am politischen System. Kirche und Staat hielten das Volk unmündig und daraus wollte man sich mit Hilfe der natürlichen Menschenrechte und Fähigkeiten befreien.

Schon im 17. Jahrhundert zeichnete sich die Aufklärung als Herrschaft der Vernunft ab. Die Philosophen René Descartes, der sagte: „Ich denke, also bin ich", und Gottfried Johann Leibniz zeugen davon. Noch heute finden wir Anregungen für neue Algorithmen aus dem Nachlass des Mathematikers Leibniz.

Fußend auf Kants Leitspruch: „Sapere aude!", was so viel heißt, wie „Trau dich, selbst zu denken!", wollte das Volk sich in allen Lebensbereichen befreien und emanzipieren. Es hinterfragte die dogmatische Religion kritisch. Es erfolgte eine Abwendung vom absolutistischen Staat hin zur Demokratie. Die Forschung feierte neue große Errungenschaften, die Geschlechterrollen wurden in Frage gestellt. Der Liberalismus wurde entwickelt und zog ein. Die Menschen- und Bürgerrechte wurden 1791 in der amerikanischen Unabhängigkeitserklärung ausgerufen. Und die Natur wurde zum ersten Mal als etwas Schönes angesehen und nicht mehr als etwas, das Angst einflößt. Da die Menschen nun den Drang hatten, zu lernen, zu forschen und sich zu informieren, änderte sich auch in der Literatur einiges. Autoren konnten über ihre Themen schreiben und von ihrer Arbeit leben. Neue literarische Gattungen entstanden, wie die Fabel, das bürgerliche Trauerspiel und der Aphorismus. Der Aphorismus ist die kürzeste Textsorte, die möglich ist. Er enthält nur einen Satz, der auf einem originellen Gedanken basiert. Hier ist z.B. ein Aphorismus mit doppelter Pointe von Karl Kraus: „Keinen Gedanken haben und ihn ausdrücken können: Das macht den Journalisten." Eine Fabel dagegen ist eine kurze, lehrhafte Erzählung mit einer Moral. Besonders ist, dass Pflanzen und Tiere sprechen können. Das bürgerliche Trauerspiel ist eine Theaterform, die Gotthold Ephraim Lessing im 18. Jahrhundert geprägt hat. Die vorhergehenden Rollen im Theater waren den Adligen vorbehalten und nun bekam das Volk erstmalig auch eine Bühne.

Ausgehend war die geistige Aufklärung von Frankreich, England und den Niederlanden und dann auch von Deutschland. Die Philosophie wurde immer bedeutender. Die beiden Hauptströmungen, die sich entwickelten, waren zum einen der Rationalismus, indem der Verstand gebraucht werden sollte und zum anderen der Empirismus, indem durch Experimente erkannt werden sollte, was wahr ist. Zur Zeit der Aufklärung feierte man vor allem die Loslösung von den bisherigen Lebensweisen und die Forschung. Man begann wissenschaftlich zu arbeiten, die traditionellen Ideen kritisch zu prüfen und es kam Schwung in die naturwissenschaftliche Forschung. Rousseau bildete die Grundlage zu unserer heutigen, demokratischen Staatsform.

Die Naturwissenschaften machten bahnbrechende Entdeckungen. So fiel z.B. Newtons Gesetz der Schwerkraft in diese Zeit und Keplers Abhandlung über die Bewegung der Planeten. James Watt hat die Nutzung der Dampfkraft entdeckt. Philosophie und Lyrik entwickelten sich zu neuen Formen. Bedeutende Autoren der Epoche sind: Lessing, Montesquieu, Jean – Jacques Rousseau und Immanuel Kant mit seiner „Kritik an der reinen Vernunft".

B wie Bräuche und Traditionen

Traditionen, die Außenstehenden oft sehr eigenartig vorkommen, gibt es weltweit. Meistens werden diese jedes Jahr gefeiert und haben religiöse und geschichtliche Hintergründe. Es kommt aber auch vor, dass gewisse Bräuche ihren Fokus auf den Unterhaltungsfaktor legen.

So auch in Frankreich, wo das südwestlich gelegene Trie - sur – Baïse das jährliche Schweinefest feiert. „La Pourcailhade" dreht sich rund um das Schwein, bei dem die Teilnehmer ihre besten Schweineimitationen zeigen und gegeneinander antreten. Das ist schwerer als man es sich vorstellt. Jeder Teilnehmer muss alle Geräusche parat haben, die ein Schwein im Laufe seines gesamten Lebens von sich gibt. Vom munteren Ferkelquieken bis zum bedrohlichen Grunzen eines Ebers oder auch das Grunzen einer gebärenden Sau.

Auch Kambodscha bereichert uns mit einer zunächst verschreckenden Tradition. Als besondere Delikatesse werden dort traditionell frittierte oder gebratene Vogelspinnen am Spieß angeboten. Dieser Brauch hat einen geschichtlichen Hintergrund, der sich auf die Zeiten des Terrorregimes der Roten Khmer zurückführen lässt. Die Bevölkerung litt unter derartigen Hungerzeiten, dass ihnen keine andere Möglichkeit blieb, als die gewöhnlichen Essensgewohnheiten abzulegen und sich anderweitig umzuschauen. Der Verzehr der Vogelspinnen rettete damals vielen hungernden Menschen das Leben.

„Famadihana" nennt sich eine außergewöhnliche Tradition auf Madagaskar. Alle fünf bis elf Jahre werden bereits verstorbene Familienmitglieder oder enge Freunde aus ihren Gräbern ausgegraben. Dieses Fest dient der Festigung des Familienbandes. Den Verstorbenen werden neue Familienmitglieder vorgestellt und alle Neuigkeiten berichtet. Anschließend werden die Tücher, mit denen die Toten umwickelt sind, durch neue Leichentücher ausgetauscht. Dabei ist besonders die Qualität der Stoffe und ebenso die Farbe von besonderer Bedeutung. Je strahlender die Farben und hochwertiger die Qualität ist, desto höher ist der Status der Familie.

Ein traditionelles Spiel der Kirgisen wurde sogar 2017 als immaterielles Kulturerbe bei der Unesco aufgenommen. Bei „Kok Boru" ist das Ziel der beiden Mannschaften, bestehend aus vier Reitern, eine tote, kopflose Ziege in das gegnerische Tor zu befördern. Diese Tradition gilt in Kirgisistan als Nationalsport.

Diese Tradition aus Indien ist weltweit bekannt und wird sogar in anderen Ländern als jährliches Festival weitergeführt: Das „Holi – Fest" findet zu Beginn des Frühlings statt. Die Menschen versammeln sich auf den Straßen und bewerfen sich gegenseitig mit leuchtenden Pulverfarben. Das hinduistische Fest symbolisiert Fruchtbarkeit, welche durch die leuchtenden

Farben vermittelt werden soll. Das gegenseitige Beschmeißen steht für die Gleichheit aller Menschen. Alle Unterschiede unter ihnen haben in der großen Masse keine Bedeutung mehr und jeder kann jeden mit Farben bewerfen.

Das chinesische Neujahr lockt jedes Jahr Massen an Touristen nach China. Regional können diese variieren, doch der Kern bleibt immer gleich. Der Zeitraum befindet sich zwischen Januar und Mitte Februar bei Beginn des chinesischen Mondkalenders. Von großer Bedeutung ist bei dem 15-tägigen Neujahrsfest die Farbe Rot. Diese steht in China für Glück und Wohlhaben. Spektakuläre Feuerwerke sorgen für große Aufregung und Faszination. Außerdem schmücken prachtvolle rote Papierlaternen die Häuser und Straßen, es werden rote Umschläge mit Geld an Familie und Freunde verschenkt und die ganze Familie kommt zu einem Wiedervereinigungsmahl zusammen. Der Dress – Code während der Feierlichkeiten lautet strahlende, bunte Farben, vor allem Rot, und auf gar keinen Fall dürfen Weiß oder Schwarz getragen werden, da diese für Trauer stehen. Ein besonders schlechtes Zeichen sind bereits beschädigte aber neu gekaufte Kleidung, da diese großes Unglück in der Zukunft vorhersagen soll.

Da bleibt nur zu sagen: Andere Länder, andere Sitten.

C wie Chemie

Hier sollen Ihnen gründlich Berührungsängste mit der Chemie durch Kenntnisse, die helfen, die Welt besser zu verstehen, genommen werden.

Aufbau, Eigenschaften und Umwandlungen von Stoffen sind die Kerngebiete, mit denen sich die Chemie heutzutage als Naturwissenschaft beschäftigt. Jedes Atom hat eine Atomhülle und Moleküle, zum Beispiel Wasser, ebenso. Chemische Reaktionen laufen in solchen Hüllen ab.

Folgende Teilgebiete werden praktiziert: die anorganische Chemie, welche die Elemente des Periodensystems untersucht, die organische Chemie, die sich um die kohlenstoffhaltigen Verbindungen kümmert und die physikalische Chemie, in welcher die Phänomene an der Basis der Chemie untersucht werden. Aber fangen wir am Anfang an:

Chemie ist eine Grunderfahrung, die der Urmensch schon machte und nutzte. Mit Feuer ließen sich Raubtiere abhalten und Fleisch braten. Selbst in der Kriegsführung wurde es zum Abbrennen von feindlichen Dörfern und Städten eingesetzt.

Mittlerweile hat der Mensch 118 chemische Elemente entdeckt.

Aber auch der frühzeitliche Mensch hat sich mit chemischen Elementen befasst, nach denen ganze Epochen benannt wurden: die Kupferzeit, die Bronzezeit und die Eisenzeit. Zur Bearbeitung dieser Metalle muss der Mensch schon grundlegende chemische Kenntnisse gehabt haben.

Seit dieser Zeit hat der Mensch sozusagen anorganische Chemie betrieben. Später hat der Mensch Porzellan und Glas hergestellt, Materialien bei denen auch chemisches Wissen von Nöten war. Wir wissen auch, dass der Mensch in der Antike mit den Metallen Zinn, Quecksilber, Gold, Silber und Blei hantiert hat.

Das Mittelalter war durch die Chemie der Alchimisten geprägt, die schon in China, Indien und Europa seit tausenden von Jahren ihr Wissen an Mann und Frau brachten. Sie suchten auch fieberhaft, aber ohne Erfolg, nach einem Elixier, mit dem unedle Stoffe in edles Gold umgewandelt werden konnte. Alchimistisches Wissen basierte nicht auf wissenschaftlichen Studien, sondern auf Erfahrungen, Überlieferungen und erprobten Rezepten. Für seine Eintragungen in Büchern benutzte der Alchimist die gleichen Symbole wie in der Astrologie. Experimente und Behandlungen waren begleitet von Explosionen und verschieden farbigen Flammen, die dem Großteil der Bevölkerung mysteriös erschien. Aus dem Grund wurden Alchimisten oft als Hexer verurteilt und verfolgt.

Bis ins 17. Jahrhundert wurde die Chemie noch nach Anschauungen des großen Philosophen Aristoteles, der von 384 bis 322 v. Chr. lebte, verstanden und erst zum Ende hin zeichnete sich eine mehr empirische und experimentelle Arbeitsweise ab.

Als Wissenschaft an sich wird die Chemie erst ab Beginn des 18. Jahrhunderts angesehen. In der Neuzeit wurde auch von der Waage Gebrauch gemacht und zunehmend wissenschaftlich gearbeitet. Neue Erkenntnisse kamen dazu, wie die Entdeckung verschiedener Gase, wie Chlor. Angewandte, organische Chemie lieferte auch die Erfindung von Dünger. Hier erhielt man dann neue Erkenntnisse über das Wachstum von Pflanzen. Organische Chemie und Pharmazie hatten ihren großen Durchbruch mit der Entwicklung eines synthetischen Färbemittels, welches das Indigo blau ablösen sollte. Deutschland konnte ganz vorne mitmischen. So entwickelte man ein Verfahren, um aus aus der Luft gewonnenen Stickstoff Sprengstoff herzustellen.

Ohne Chemie und der wichtigen Physik hätten wir heute keine Fernseher, keine PCs, keine Autos usw.

D wie deutsche Erfindungen

Deutschland ist das Land der Erfinder und Dichter. Einige der weltverändernsten Erfindung kommen aus Deutschland, so wie zum Beispiel die Entwicklung des Buchdruckes 1440 von Johannis Gutenberg. Die Buchstaben konnten nun einzeln und seitenverkehrt in beliebiger Reihenfolge gedruckt werden. Man geht davon aus, dass der Buchdruck den Beginn der Aufklärung einleitete. Bildung und Literatur waren von nun an kein Privileg der Reichen mehr. Bücher wurden nun in Massen gedruckt und standen dem gesamten Volk zur Verfügung. Gute 200 Jahre später kam die erste deutsche Zeitschrift auf den Markt.

Otto von Guericke entdeckte erstmals 1650 mit Hilfe einer umgebauten Feuerwehrspritze das Vakuum. Durch das Herunterdrücken eines Kolbens entwich die Luft aus dem Zylinder, in welchem eine Dichtung enthalten war. Diese selbstgebaute Pumpe benutzte Otto von Guericke, um zwei Halbkugeln miteinander zu verbinden.

1797 entdeckte Samuel Hahnemann die Homöopathie, bei der eine künstliche Krankheit erzeugt wird, um den Patienten schneller und effektiver von seiner eigentlichen Krankheit zu befreien.

Eine weitere weltverändernde Erfindung ist die des Papier – Rohstoffs. Friedrich Gottlob Keller ermöglichte mit seiner Erfindung 1843 die massenhafte Produktion von Billigpapier.

Ohne diese Erfindung sähe unsere Welt heute wohlmöglich ziemlich düster aus: Die Glühlampe ist ebenfalls eine deutsche Erfindung von Heinrich Göbel im Jahre 1854.

1859 folgte die Erfindung des Telefons von Phillip Reis. Der erste vollständige Satz, dessen Töne in elektrische Töne umgewandelt und als Schall wieder aufgenommen wurde, lautet: „Das Pferd frisst keinen Gurkensalat". Reis' Idee wurde jedoch 1875 von Graham Bell, einem Amerikaner, weiterentwickelt und zum Patent angemeldet.

Das Periodensystem ist ebenfalls eine deutsche Erfindung von Julius Lothar Meyer aus dem Jahre 1864. Aus dem selben Jahre stammt auch der Dynamo von Werner von Siemens.

1873 erfindet Levi Strauss die Jeans. Was vorher nur an Arbeiter wie Goldgräber verkauft wurde, entwickelte sich über die Jahre schnell zum neuen Modetrend. Seine innovative Idee, die Jeans an ihren empfindlichen Stellen zu vernieten, machte diese letztendlich weltweit gefragt.

Mit der Erfindung eines weiteren Wissenschaftszweigs, der Bakteriologie, gelang Robert Koch ein wissenschaftlicher Durchbruch in der Medizin. 1876 fand Koch heraus, dass Krankheiten von Bakterien übertragen werden.

Weitere technische Erfindungen des Transportwesens sind die Erfindung von Straßenbahnen von Werner von Siemens im Jahre 1881 und Motorräder von 1885, die damals noch „Reitwagen" genannt wurden, gefolgt von Autos (1886) von Carl Benz und dem Erfinder des Motorrads Gottlieb Daimler. Erstaunlicherweise wurde der Airbag erst 1971 von Mercedes Benz erfunden. 85 Jahre lang fuhr man also ohne Schutz im Falle eines Unfalls. Der Dieselmotor wurde von Rudolf Diesel im Jahre 1890 erfunden.

Das erste von Otto Lilienthal entwickelte Gleitflugzeug flog 1894. Die Erfindung des Hubschraubers folgte erst 1936 von Henrich Focke.

Außerdem wurde 1895 die Bestrahlung des menschlichen Körpers von Wilhelm Konrad Röntgen ermöglicht. Er machte die Erkenntnis, dass hartes Gewebe beim Durchstahlen mehr X – Strahlungen aufnimmt als weiches und deshalb dunkler erscheint.

1879 wurde das Aspirin von dem deutschen Chemiker Felix Hoffmann entwickelt.

Die Zündkerze wurde 1902 von Robert Bosch erfunden. 1921 gelang es, Insulin aus der Bauchspeicheldrüse zu isolieren.

Andere deutsche technische Erfindungen sind die Kleinbildkamera im Jahre 1925 von Oskar Barnack, der heutzutage in fast jedem Haushalt wiederzufindene Fernseher, welcher 1930 von Manfred von Ardenne entwickelt wurde, sowie der Computer Anfang der 40-er Jahre von Conrad Zuse. Zu damaligen Zeiten nannte man den Computer noch „Rechner", da er genau zu diesem Zweck erfunden wurde. Zuse erfand den Computer, da ihm das Rechnen lästig war. Zehn Jahre später folgte der erste Scanner von Rudolf Hell. Auch die Chipkarte, die für den Vorgang des bargeldlosen Bezahlens benutzt wird, ist eine deutsche Erfindung von Jürgen Dethloff Ende der 60-er Jahre. 1987 wurden in Deutschland die MP3 entwickelt und 1991 die Funkarmbanduhr.

E wie Erde

Die Erde ist ein ganz besonderer Planet, denn genau so, wie sie gestaltet ist, ist für uns das Leben in seiner ganzen Vielfalt möglich.

Mit einem Umfang von 40.070 km ist die Erde der fünftgrößte Planet des Sonnensystems. Das Alter der Erde beträgt rund 4.6 Milliarden Jahre. Sie wird als ein relativ junger Planet betrachtet. Fälschlicher Weise wird die Erde als Kugel beschrieben, doch ähnelt sie eher der Form eines Kürbisses. An den Polen ist sie etwas abgeflacht. Sie beutelt sich dafür am Äquator aus. Der Grund dafür ist die Erdrotation. Der wissenschaftlich korrekte Ausdruck, um die Form der Erde zu beschreiben, ist: abgeplattetes Rotationsellipsoid.

Mit einem Wasserbestandteil von 70%, besitzt die Erde im Vergleich zu anderen Planeten am meisten Wasser im flüssigen Zustand.

Die Erde besteht aus vier Schichten: Die Atmosphäre, sie ist 500 km dick, umgibt die Erde vollkommen. Diese schützt die Erde vor schädlichen Strahlungen der Sonne. Darauf folgt die 6 – 40 km starke Erdkruste, auf der wir uns bewegen. Ein 2800 km dicker Mantel schützt uns vor der Hitze des 2300 km dicken Erdkerns.

Wenn wir annehmen, dass der Umfang der Erde ungefähr 40.000 km beträgt und wir dies durch die Anzahl der 24 Tagesstunden dividieren, erhält man eine Geschwindigkeit von 1600 km pro Stunde, mit der sich die Erde am Äquator um ihre eigene Achse dreht. Jedoch hängt die Geschwindigkeit von dem Ort ab, an dem man sich befindet. Am Äquator ist die Geschwindigkeit am schnellsten, während sie an den Polen nur 4 km pro Stunde beträgt. Zum Vergleich bewegt sich ein Passagierflugzeug von Europa nach Amerika mit einer Geschwindigkeit von 900-1000 km pro Stunde. Die Drehung wird auch Erdrotation um die eigene Achse genannt. Diese verursacht ein Erdmagnetisches Feld, welches sich rund um die Erde spannt und diese vor schädlichen Sonnenwinden schützt.

Wie ist die Erde entstanden?

Vor etwa 4,5 Milliarden Jahren entstand diese aus aufeinander stoßenden Gesteinsbrocken, wie Meteoriden, die nach und nach die Erde formten. Zu Beginn bestand die Erde nur aus einem Urkontinent Pangäa. Auf Grund der Kontinentaldrift bewegen sich die Kontinente auch heute noch stetig. Vor ungefähr 65 Millionen Jahren bewegten sich die einzelnen Erdplatten so weit auseinander, dass sich zwei neue bildeten, welche die Namen Laurasia und Gondwana hatten. In Laurasia steckt bereits das Wort „Asia", welches später auch den heutigen Kontinent Asien bildet. Die Kontinente in heutiger Form lassen sich bereits vor 60 Millionen Jahren erkennen. Voraussichtlich soll es in etwa 300

Millionen Jahren erneut zu einer Bildung eines sogenannten Superkontinents wie Pangäa kommen.

Die Gesamtpopulation der Erde beträgt heutzutage rund 7,78 Milliarden Menschen, die auf alle fünf Kontinente verteilt sind. China liegt mit ca. 1,4 Milliarden Menschen auf Platz eins der bevölkerungsreichsten Länder der Welt, dicht gefolgt von Indien mit ungefähr 1,39 Milliarden Einwohnern. Die Einwohnerzahl in Deutschland beträgt ungefähr 81 Millionen Einwohner. Die Prognose für die Bevölkerungsanzahl soll im Jahr 2100 bei über 11 Milliarden Menschen für die ganze Erde liegen.

Bemerkenswerte Fakten:

Die Hitze des Erdkerns mit 5500 grad Celsius ist im Vergleich mit der Oberflächentemperatur der Sonne gleichzusetzen.

Die Geschwindigkeit des Lichts von der Sonne zur Erde beträgt ungefähr 8 Minuten und 20 Sekunden.

Da die Erde keine gleichmäßige runde Form besitzt, ist auch die Anziehungskraft der Erde, die sogennante Gravitationskraft, nicht an allen Orten gleich stark.

Bis heute hat man es auf Grund extremer Hitze von ungefähr 265 Grad Celsius nicht geschafft, sich viel weiter als 12km dem Erdkern zu nähern. Somit wurde noch nie die Erdkruste überhaupt durchdrungen.

Das häufigste Mineral der Erde ist das Bridgmanit.

F wie Flora

Flora bezeichnet die Welt der Pflanzen. Schon vor Christus beschäftigten sich Menschen mit den Inhaltsstoffen von Pflanzen, die sie für Heilprozesse einsetzten. Und auch für die Herstellung von Gift. Man denke nur an den Schierlingsbecher. Theophrastos, ein Philosoph und Schüler Aristoteles´, hat die Pflanzen im 3. und 2. Jahrhundert v. Chr. als erster wissenschaftlich untersucht und auch systematisiert.

300.000 verschiedene Pflanzenarten gibt es heute ungefähr auf dieser Welt. Lebensweise und Formen zeugen von einer erstaunlichen Vielfalt. Diese reicht von den zarten Lebermoosen, die an feuchte Lebensräume angepasst sind, bis zu Kakteen, die mit extremer Trockenheit zurecht kommen. Von krautigen Pflanzen, wie dem einjährigen Mais bis zu riesigen Mammutbäumen, die mehrere tausend Jahre alt werden können. Am erfolgreichsten auf der Erde sind die Blütenpflanzen, die mit 250.000 Arten an die verschiedensten Lebensräume angepasst, von den Tropen bis zu den Polen vorkommen.

Obwohl die Pflanzen so unterschiedlich aussehen, haben sie einige Merkmale gemein: Typischerweise ist eine Pflanze grün, produziert ihre Nährstoffe durch Photosynthese und lebt ortsfest in oder auf ihrem Substrat. Höhere Pflanzen untergliedern sich in Spross, Wurzel und Blätter und unterscheiden sich damit von Algen und Pilzen. Algen und Tange gehören zu den Pflanzen.

Bei der Photosynthese wandelt die Pflanze Sonnenenergie in chemische Energie um. Sie findet in den Blättern in den sogenannten Chloroplasten statt. Diese sind Zellen, die die grünen Pigmente, genannt Chlorophyll, beinhalten. Das Chlorophyll nimmt das Sonnenlicht auf. Mithilfe der Energie des Sonnenlichts werden bei der Photosynthese aus Kohlendioxid und Wasser energiereiche Zuckerverbindungen aufgebaut, in denen die für die Pflanzen verfügbare Energie gespeichert ist. Bei diesem Prozess wird Sauerstoff als Abfallprodukt frei und in die Atmosphäre abgegeben. Die Photosynthese ist die Grundlage allen Lebens auf der Erde. Hierbei werden die für die Nahrungskette nötigen Substanzen und der zum Atmen benötigte Sauerstoff gebildet. Die Blätter sind der Hauptort der Photosynthese. Sie haben sich auf vielfältige Weise angepasst.

Insektenfressende Pflanzen, wie der Sonnentau, die Venusfliegenfalle oder die Schlauchpflanze: Pflanze, die zur Insektenfalle umgebaute Blätter hat. Fleischfressende Pflanzen können neben der Photosynthese, die sie betreiben, auch Stickstoff aus den Insekten direkt aufnehmen. Dadurch ist es ihnen möglich, auf Böden zu wachsen, die so gut wie keinen Stickstoff enthalten.

Wurzeln haben drei Aufgaben: Sie verankern die Pflanze im Boden, dienen der Wasser- und Mineralstoffaufnahme und sind Teil des Transportsystems.

Die Frucht ist ein voll entwickelter und gereifter Fruchtknoten. Früchte können saftig oder trocken sein. Die Zitrone ist eine Beere. Die Physalis ebenso, nur, dass sich bei ihr noch ein trockenes Kelchblatt um die Frucht legt. Die Himbeere dagegen ist eine Sammelsteinfrucht.

Aufsitzer und Schmarotzer, sogenannte Epiphyten, wachsen auf anderen lebenden Pflanzen. Sie ernähren sich mit dem Wasser aus Niederschlägen und der Luftfeuchtigkeit. Auch einige tropische Orchideen gehören dazu. Da gibt es auch Parasiten.

Es gibt auch heute noch viele Arzneistoffe, die in der Pharmakologie aus Pflanzen hergestellt und synthetischen Varianten vorgezogen werden. Herzglykoside für Herzmittel, wie Digitalis, werden aus Fingerhutpflanzen hergestellt. Es gibt auch ein Insektizid, Pyrethrum gegen Kopfläuse, welches aus Chrysantemen extrahiert und eingesetzt wird. In der Chemotherapie finden Alkaloide aus der rosafarbenen Catharanthe Verwendung.

Aus der Fülle von Heilpflanzen für den häuslichen Gebrauch sei hier die Pfefferminze genannt, deren ätherischen Öle gegen Kopfschmerzen wirkt. Kamillentee ist bei entzündlichen Prozessen im Körper einzusetzen, sowie gegen Erkältungskrankheiten. Salbei ist ein wahrer Allrounder:

Äußerlich angewandt heilt der blaublütige Lippenblütler als Mundspülung Entzündungen im Rachenraum, also auch Mandelentzündung im Rahmen einer Erkältungskrankheit. In kleinen Portionen hinuntergeschluckt wirkt Salbei Magenproblemen entgegen.

G wie Genetik und Gentechnologie

Genetik ist ein Teilgebiet der Biologie. Sie beschäftigt sich mit den Gesetzesmäßigkeiten der Ausbildung von erblichen Merkmalen sowie der Weitergabe von Genen an die nächste Generation.

Es war der Augustinermönch Gregor Mendel, der in der Mitte des 19. Jahrhunderts die ersten Vererbungsregeln, die er an Erbsen durchführte, in seinem Klostergarten entdeckte und statistisch auswertete. Von ihm stammen die berühmten Mendelschen Regeln. Diese versuchen vorherzusehen, wie das Individuum der nachfolgenden Generation in Abhängigkeit der Gene, die es von seinen Eltern mitbekommen hat, aussieht.

Das ist der sogennante Phänotyp, der, übertragen auf höhere Organismen, beschreibt, welches Erscheinungsbild das Individuum hat und zwar in der Gesamtzahl aller Merkmale, die es ausmachen. Die Gesamtzahl umschreibt alle Merkmale, die die äußere Gestalt, die Form und den Bau betreffen, aber auch alle physiologischen Eigenschaften, wie Stoffwechselbesonderheiten und sogar Verhaltensmerkmale, die das Individuum hat.

Was hat sich seit Mendel in der Genetik getan? Dieses ist eine Auswahl der Vorkommnisse.

1889: Richard Altmann entdeckt die Nucleinsäure im Zellkern.

1903: Walter Sutton erkennt die Chromosomen als Träger des Erbgutes.

1907: Thomas Hunt Morgan unternimmt Versuche an der Taufliege Drosophila.

1927: Hermann Joseph Muller experimentiert mit Röntgenstrahlung und löst damit Mutationen aus.

1953: Watson und Crick bestehen auf der Doppelhelix-Struktur der DNA, der Desoxyribonukleinsäure.

1961 bis 1965: Nirenberg und Matthaei entschlüsseln den Genetischen Code.

1975: Sanger, Maxam und Gilbert sequenzieren die DNA und bekommen dafür den Nobelpreis für Chemie.

Ende der 1970er Jahre: Der Grundstein für die Grüne Gentechnik an Pflanzen wird gelegt. Damit rückt die Gentechnik stärker in den Mittelpunkt. Diese realisiert die Erkenntnisse aus der Genetik und der Molekularbiologie und nimmt Veränderungen an den Genen vor, die zu Veränderungen im Phänotyp führen.

1980 beantragte Ananda Chakrabarty das erste Patent auf einen gentechnisch veränderten Organismus in den USA.

1982: Synthetisch und gentechnisch hergestelltes Insulin wird marktfähig. Und der erste Virus wird sequenziert.

1988: Die Krebstmaus erhält als erstes gentechnisch manipuliertes Säugetier ein Patent.

1990: Die erste Gentherapie wird an einem 14-jährigen Mädchen vorgenommen.

1994: In Großbritannien und in den USA kommen genveränderte Tomaten auf den Markt.

2002: Der erste Primat, der in seiner Keimbahn verändert wurde, kommt auf die Welt.

2003: Die Referenzsequenz des menschlichen Genoms kann im Internet heruntergeladen werden.

2009: Transgener Mais darf in Deutschland nicht mehr angebaut werden.

2010: In den USA hat man einen Mikroorganismus synthetisiert, der sich vermehren kann und dessen Erbgut aus einem anderen Mikroorganismus stammt.

2012: Patente auf gentechnisch veränderte Schimpansen werden vom Europäischen Patentamt erteilt.

2015: Genmanipulierter Lachs wird in den USA zugelassen, der ab 2017 in den Verkauf gelangt.

2016: Der Anbau von Golden Rice, der mit dem Betakarotin Provitamin A angereichert wurde, um Vitamin A-Mangel zu lindern, ist im Gespräch und über 100 Nobelpreisträger sprechen sich für den Anbau aus.

2018: Der Anbau von Golden Rice wird in Australien und Neuseeland erlaubt, obwohl Studien zeigen, dass sich gesundheitlich wohl kein positiver Effekt einstellen wird.

Es kursiert das Gerücht, dass in China gentechnisch manipulierte Babys zur Welt gekommen sind.

2019: Neueste Angaben belegen, dass weltweit ca. 200 Millionen Hektar mit 60 genmanipulierten Pflanzenarten bestellt sind. Die meisten werden in Nord- und Südamerika eingesetzt. In den Ländern Australien, USA, Mexiko und Kanada breiten sich diese Pflanzen zunehmend ohne Kontrolle in der Umwelt aus. Über die Folgen ist man sich nicht im Klaren.

H wie Homo sapiens sapiens

So bezeichnet man den heutigen Menschen. Übersetzt als „verständiger Mensch" oder „Jetztzeitmensch". Dieser hat sich aus anderen Formen des Homo entwickelt. Vor 5 Millionen Jahren begann die Entwicklung des Menschen. Zu dieser Zeit hatte sich die Entwicklung vom Menschenaffen getrennt. Als nächster Verwandter gilt der Schimpanse. Vom Affen unterschied sich der Mensch dadurch, dass er aufrecht ging, dass er eine Sprache entwickelte, dass das Gehirn an Leistungsfähigkeit zunahm und er mit Feuer umging.

Vor drei bis zwei Millionen Jahren entwickelte sich die Gattung Homo in Ostafrika aus dem Vormenschen Australopithecus. Homo hatte längere Beine, kletterte nicht mehr, hatte kleinere Zähne, eine langsamere Embryonalentwicklung und ein größeres Gehirn als der Australopithecus. Der erste Homo war der Homo habilis, der „geschickte Mensch", der sich in Kenia zu schaffen machte.

Vor 800.000 Jahren entwickelte sich in Europa aus dem Homo erectus, dem „aufrechten Menschen", der Neanderthaler, der Homo neanderthalensis. Zur gleichen Zeit ging aus den Populationen der Homo erectus in Afrika der Homo sapiens hervor, der heutige Mensch.

Die Denisova Menschen, eine Schwestergruppe der Neandertaler, lebte von 40.000 Jahren im Altai-Gebirge, in der Mongolei. Sie sind genetisch eigenständig, sind aber mit den Neandertaler sowie dem Homo erectus verwandt. Alle Informationen,die wir von diesen frühen Menschen haben, stammen von einem Backenzahn, sowie einem Finger- und Zehenknochen. Es gab also eine Zeit, in der drei verschiedene Menschenarten die Eurasischen Fläche besiedelten: der Mensch, der Neandertaler und der Denisova-Mensch. Ab 2013 wird publiziert, dass die verschiedenen Menschenarten sich genetisch miteinander ausgetauscht haben. Dieses machen DNA-Studien deutlich. Sie haben sich also miteinander gepaart. So ist es zu erklären, dass wir in unserem Genom etwa ein bis vier Prozent Neandertalgene finden.

Der archaische, also der älteste Homo sapiens entwickelte sich vor etwa 300.000 bis 200.000 Jahren vor heute. Die neuesten Knochenfunde, die jüngst gemacht wurden, wurden in Marokko gefunden und auf vor 315.000 Jahren datiert. Die Ausbreitung des Homo sapiens begann dann vor etwa 70.000 Jahren in ganz Afrika und in den Nahen Osten. Vor 45.000 Jahren war er in ganz Europa und Asien zu finden. Man fragt sich dann natürlich, was aus den anderen frühmenschlichen Arten, dem Denisova-Menschen und dem Neandertaler wurde. Dazu gibt es zwei Theorien: die eine besagt, dass er vom Menschen verdrängt wurde und dass er mit dem Menschen in Konkurrenz gelebt haben soll. Andere Theorien gehen jedoch davon aus, dass die anderen Menschenarten, die kleinere Populationen hatten, sich mit dem Menschen vermischt haben. Dass also gewissermaßen, die Neandertaler und die Denova-Menschen vom Menschen assimiliert wurden.

In Europa hat man in Spanien, in der Sierra de Atapuerca, eine Stelle entdeckt, die vor 1,2 Millionen Jahren besiedelt gewesen sein soll. Dort sollen Homo erectus, Neandertaler und dann der Homo sapiens gelebt haben. In Südfrankreich gibt es die Höhle von Arago, die vor 450.000 Jahren von einer Neandertalerart besiedelt gewesen sein soll.

Höhlenmalerei wird als Parietalkunst, von französisch art pariétal, was „zur Wand gehörige Kunst" bedeutet, bezeichnet. Die meisten Höhlen, in denen sich Malerei befindet, stammen aus der Altsteinzeit, 40.000 bis 9.700 v. Chr., angefertigt vom sogenannten Cro-Magnon-Menschen, einem Homo sapiens des westlichen Eurasiens. Höhlenmalerei gab es aber bis in die Bronzezeit. Die ältesten figürlichen Malereien stammen aus einer Höhle auf Sulawesi, einer Insel, die zu Indonesien gehört, aus dem Jahr 43.900. Gezeigt werden mehrere Tier-Mensch-Wesen und Tiere in dunkelrot.

I wie Industrielle Revolution

Alles fing in dem Moment der Geschichte der Menschheit an, der vor etwa 14.000 – 12.000 Jahren stattfand, als der Mensch aufhörte ein Nomadenleben zu führen, um sesshaft zu werden. Die Entdeckung der Landwirtschaft war wahrscheinlich der entscheidende Faktor dafür. Der Mensch kommt vom einfachen Jäger und täglichen Sammler her, der noch nicht die Fähigkeit und das Wissen darüber hatte, Vorräte anzulegen. Der Mensch hat entdeckt, dass das Jahr Zyklen unterworfen ist. Und dass dies wichtig für die Aussaat ist. So lernte er, zu säen, zu verstehen, wie die Samen funktionieren und den Zyklus der Jahreszeiten zu nutzen. So beginnt er, das Land nach Belieben zu bewirtschaften. Im Gegensatz zu anderen Tieren, die sich der Natur anpassen müssen oder sterben, falls ihnen dies nicht gelingt, haben wir geschafft, uns anzupassen und dabei die Erde ein Stück zu kontrollieren. Wir haben gelernt, Vorratswirtschaft zu betreiben und Vorräte für schlechte Zeiten zurückzulegen. So begann man auch Überschüsse an Getreide zu vermarkten.

Nun wurde es uns auch möglich, größere Gemeinschaften zu bilden und Arbeitsteilung zu betreiben, so dass sich verschiedene Berufe herausbildeten, z.B. Handwerker, die Werkzeuge, Häuser, Möbel und Gefäße usw. herstellten. Das wurden tägliche Beschäftigungen, da in Form von pflanzlicher Nahrung ausreichend vorhanden war, um jeden zu ernähren.

Auch Verwaltungsaufgaben mussten übernommen werden. Dafür zuständige Menschen verteilten z.B. die Arbeit, sie wiesen an, wie das Getreide gelagert wird oder wie am besten mit anderen Gemeinden verhandelt werden sollte. Es erscheinen also politische und soziale Strukturen. Eine Hierarchie entwickelt sich, auch in der Familie, und es entsteht vor allem Privateigentum. Es gibt diejenigen, die regieren und diejenigen, die gehorchen.

Mit besseren Anbausystemen steigen Produktivität und Gewinn der Landbesitzer, sodass die kleinen Produzenten allmählich zu Tagelöhnern werden, die das Land verlassen und in Städten leben. Die Tatsache, dass es mehr Lebensmittel gibt, hat auch Auswirkungen auf die Sterblichkeitsrate. Es entwickelt sich ein Kreislauf von Angebot und Nachfrage. Ein Anstieg an Bevölkerung führt zu einem Anstieg der Nachfrage. Und ein Bevölkerungsanstieg bringt mehr Arbeiter. Mehr Arbeiter führen zu weniger Gehalt. Weniger Gehalt bedeutet mehr Gewinn für den Großgrundbesitzer.

Die industrielle Revolution ereignete sich 1780 in England, welches eine Weltmacht geworden war und wo es wichtige Entwicklungen in Medizin und Wissenschaft gab. Diese Revolution bedeutete vor allem einen wirtschaftlichen Wandel von einer ländlichen Agrarwirtschaft zu einer Industrie. Von der handwerklichen zur industriellen Fertigung war es ein kleiner Schritt. Baumwolle war der Hauptprotagonist. England beginnt mit der Produktion und Verarbeitung von Baumwolle. Bis jetzt kamen so gut wie alle textile Produkte von Indien. England sieht jedoch, dass es in der eigenen Produktion ein großes Potential gibt. Und so setzt es alles daran, die Baumwolle in den eigenen Kolonien zu produzieren. Der Handel fand in ganz England und in den Kolonien statt. Ab 1760 gab es innovative Techniken zur Landverbesserung. 1769 erfand James Watt die Dampfmaschine. Nun konnte man Energie in Bewegung verwandeln. Dies ermöglichte, dass später die ersten Spinn und Webmaschinen in der Baumwollindustrie entwickelt wurden. Aus kleinen textilen Manufakturen wurden große Fabriken. Große Hallen wurden gebaut, um die Masse an Arbeitern und Maschinen unterzubringen. Die Arbeiterklasse entstand und die Maschinen liefen Tag und Nacht. Zum ersten Mal gab es Schichtarbeit unter harten Arbeitsbedingungen. Der Binnenmarkt in England florierte zunächst, doch dann kippte es um in eine Überproduktion. Die zweite industrielle Revolution startete 1880 mit der Entwicklungder Dampflokomotive, die den Transport der produzierten Güter in jeden Winkel des Landes ermöglichte. Mit dem Bau der Eisenbahn wurde auch die Schwermetallindustrie angekurbelt. Große Mengen an Eisen und Kohle wurde gefördert, um Stahl herzustellen, der für die Produktion von Schienen, Zügen und Maschinen benötigt wurde. Neue Arbeitsplätze wurden geschaffen. Die Arbeiter wurden als Konsumenten angesehen. Sie verdienten einen knappen Lohn, der gerade ausreicht, um zu kaufen und die Wirtschaft anzukurbeln. Der Kapitalismus hat Einzug gehalten.

J wie Jahr

In Arizona gründete 1578 Papst Gregor XIII. eine Sternwarte, nachdem er sich mit Fachleuten, Astronomen und Mathematiker beraten hatte. Ziel war, den Julianischen Kalender, welcher aus den Fugen geraten war, zu reformieren. Weshalb er aus den Fugen geraten war? Er war im Jahr 46 v. Chr. von Julius Caesar ins Leben gerufen worden und kann uns heute noch sehr bekannt vorkommen: Der Julianische Kalender hatte 365 Tage und auch alle vier Jahre ein Schaltjahr mit einem zusätzlichen Tag. Er beginnt am ersten Januar. Außerdem lassen die Monatsnamen deutlich einen römischen Ursprung erkennen. Zu Ehren Julius Caesars bekam der siebte Monat den Namen Juli, gefolgt von August, der Kaiser Augustus huldigen sollte. Die anderen Monatsnamen sind ebenso dem Julianischen Kalender entnommen. Da jener Kalender ursprünglich nur zehn Monate zählte, sind einige Namen von der Bedeutung her um zwei Monate verschoben. So trifft z.B. der Dezember, der im Namen die zehn trägt, auf den zwölften Monat. Caesar hatte den Kalender mit ungenügender Präzision festgelegt, wobei er dem Rat ägyptischer Astronomen gefolgt war – er war ja auch mit Cleopatra liiert. Tatsächlich hat man sich jedoch um 11 Minuten verkalkuliert. Das Jahr ist um diese Zeit kürzer, was dazu führt, dass alle 128 Jahre sich die 11 Minuten zu einem ganzen Tag aufsummieren. Deswegen muss der Kalender nachjustiert werden und dafür ist seit dem 4. Jahrhundert die Kirche zuständig.

Zu der Zeit ging man jedoch davon aus, dass der Kalender an den Umlauf der Sonne um die Erde angepasst werden muss. Dass sich die Erde um die Sonne dreht, wurde den Menschen erst später klar. Den Menschen war jedoch ein Kalender zwingend notwendig, der die genaue Berechnung der Osterfeiertage möglich machte, dem wichtigsten Fest der Christen. Diese Berechnung war von dem Mondumlauf und dem Sonnenstand abhängig. Außerdem wollte man den Anfang der Jahresrechnung festlegen. Dieses gestaltete sich einigermaßen schwierig, denn die Bibel bot keinen präzisen Anhaltspunkt für den Beginn der Schöpfung mit der Stunde 0. Die Ratgeber waren sich nur darin einig, dass Gottes Schöpfungsakt an einem Montag begann und am Sonntag fertig gestellt wurde. Da man mit diesen Überlegungen nicht zum Ziel kam, nahm man Christi Geburt in den Fokus. Hier beginnt nun die Jahreszählung, aber nicht mit dem Jahr 0, da dieses bei einer Geburt nicht möglich ist. Unser Kalender zählt ab dem Moment der Geburt, ab dem das Kind Christus da ist. Dieses basiert auf der Rechnung eines italienischen Mönches, der sich aber um ein paar Jahre verrechnet hat. So geht man heute davon aus, dass Jesus ungefähr vier bis sieben Jahre vor Christi Geburt geboren wurde.

Zu Lebzeiten von Pabst Gregor XIII. wich der Kalender schon wieder 10 Tage vom tatsächlichen Sonnenstand ab, was dazu führte, dass die Gelehrten einfach zehn Tage aus dem Kalender strichen. Auf diese Weise hat es die Tage vom 5. bis zum 14. Oktober 1582 für die Weltgeschichte ausgefallen. Sie tauchen in keinem Kalender auf. Außer bei den Protestanten. Die hatten ihren eigenen Kalender, da sie alles, was vom Pabst herrührte, ablehnten. So wurden in Mitteleuropa zwei Kalender parallel geführt. Seit 1700 ist damit jedoch Schluss, denn seitdem gilt fast überall nur noch der Gregorianische Kalender. Nicht so im Zaristischen Russland, weswegen die Oktoberrevolution im November stattfand. Kalender wurden immer in den Händen von Schamanen, Theologen und Priestern gelegt, die die Rahmen für das menschliche Alltagsleben absteckten. Selbst unser christlicher Kalender zeugt davon.

K wie Körper

Der menschliche Körper weist einige Besonderheiten auf, die ihn vom tierischen unterscheiden: Seine Körperbehaarung ist verglichen mit anderen Säugetieren gering. Das ist insofern bemerkenswert, als das der Mensch, wie alle Säugetiere, eine Körpertemperatur von ca. 37 °C halten muss. Außerdem verfügt der Mensch über ein wirklich großes Gehirn. Einmalig ist auch sein aufrechter Gang, der sich auch in seinem Skelett sichtbar macht. Die Vorderbeine werden beim Menschen zu Armen, auch eine Wirkung des aufrechten Ganges. Mit den Armen kann der Mensch Tätigkeiten verrichten, Werkzeuge ergreifen und damit hantieren. Besonders bemerkenswert ist auch die Hand, da sie ein vielseitig einsetzbares Werkzeug ist. Geschicklichkeit erlangt die Hand dadurch, dass Daumen und Fingerspitzen aneinander geführt werden können und darüber hinaus die Fingerspitzen durch Nervenenden sehr feinfühlig sind.

Bei einem Neugeborenen nimmt der Kopf ein Viertel der Gesamtlänge ein. Auf ein Achtel wird das Verhältnis beim Erwachsenen reduziert sein. Harte Schädelplatten schützen das wertvolle Gehirn. Außerdem geben die Haare Schutz vor Kälte und beugen dem Wärmeverlust vor. Im Gehirn sind etwa 20 Milliarden Nervenzellen tätig. Wenn man alle Nervenbahnen des Gehirns hintereinander legen würde, ergäbe das eine Länge von 5,8 Millionen Kilometer. Das entspricht einer 145- fachen

Erdumrundung. Ein männliches Gehirn ist mit 1,27 Litern im Durchschnitt etwas größer und mit 1400g etwas schwerer als ein weibliches Gehirn, welches ein Volumen von 1,13 Litern und ein Gewicht von etwa 1300g hat. Außerdem gibt es Unterschiede im Aufbau.

Der Motor des Lebens ist das Herz. Es schlägt pro Minute ca. 70 mal, das sind 100.000 mal pro Tag und 2,5 Milliarden mal in einem 70 jährigen Leben. Mit jedem Schlag pumpt das Herz ca. 70 Milliliter Blut in den Blutkreislauf. In der Minute sind das 6 Liter, womit alle Zellen und Organe unseres Körpers mit Sauerstoff versorgt werden. Allein die Hornhaut unseres Auges ist nicht durchblutet. Wenn das Herz nicht mit den Körper verbunden ist, schlägt es trotzdem weiter, solange es mit Sauerstoff versorgt wird. Das liegt daran, dass es eigene Zellen zum Impulsgeben hat und nicht des Gehirns bedarf. Die erste Herztransplantation wurde 1967 durchgeführt. Der Patient lebte 18 Tage mit dem fremden Herzen.

Unser Skelett besteht aus etwa 210 Knochen. Davon sind fast die Hälfte aller Knochen in den Händen und Füßen lokalisiert. Zur Geburt hatten wir über 300 Knochen, von denen einige im Laufe der ersten Lebensjahre zusammengewachsen sind. Der größte Knochen ist der Oberschenkelknochen, der kleinste der drei Millimeter große Steigbügel, der sich im Ohr befindet. Jeder Knochen ist in sich starr und doch haben wir die Möglichkeit uns Dank unseres Skelettes zu bewegen und zu halten. Das bewirkt eine Vielzahl von Gelenken, Sehnen und Muskeln. Bewegt wird der menschliche Körper mit drei verschiedenen Muskelgruppen.

Ein erwachsener Mensch besteht aus rund 100 Billionen einzelner Körperzellen. Wenn man alle Zellen aneinander legen würde, dann würden diese 60 mal die Erde umspannen. Wenn man dabei jede Sekunde eine Zelle auslegen würde, dann würde es drei Millionen Jahre dauern, bis die Zellkette gelegt worden wäre.

L wie Literatur

Nach Goethe (1749 - 1832) zählte nicht jedes Buch zur Weltliteratur, welches einen großen Erfolg bei der Leserschaft verzeichnen konnte, sondern jene Literatur, die aus einem übernationalen, kosmopolitischen Geist heraus geschaffen wurde. Es sind also die Bücher, die man gelesen haben sollte, denn Klassiker der Literatur sind zwar alt, aber nicht veraltet. Und es entstehen auch heute Bücher, die es noch in hundert Jahren wert sind, gelesen zu werden. Im Folgenden möchte ich Sie auf eine kleine Reise durch die Literaturgeschichte mitnehmen:

Aus der Antike sind „die Ilias" und „die Odyssee" von Homer überliefert, die auf ca. 800 v Chr. datiert werden. Hierbei handelt es sich um mit die ältesten und gewichtigsten Texte der griechischen und damit der europäischen Kultur. Die Ilias enthält zum Beispiel die Geschichte des Trojanischen Krieges. Es wird der gesamte, gewaltige Konflikt zwischen den Griechen und den belagerten Trojanern erzählt, der auch die griechische Götterwelt mit einschließt. Die Odyssee beschreibt die sagenumwobene, zehnjährige Irrfahrt des Odysseus. Ilias und Odyssee sind in Reimform geschrieben.

Aus dem 14. Jahrhundert ist uns „die Göttliche Komödie" von Dante Alighieri geblieben. Ein Zeugnis bedeutender italienischer

Literatur. Der Ich-Erzähler reist durch drei Reiche der Toten: durch die Hölle, über den Läuterungsberg bis ins Paradies. Dabei besticht das Werk durch die hohe, sprachliche Kunst.

Unsere Reise führt uns weiter in das 15. Jahrhundert, wo wir ebenfalls in Italien das Buch „Canzoniere" von Francesco Petrarca finden. Die Liebesgeschichte spielt im Jahre 1327, als der Dichter, wie er selbst sagt, die schöne Laura erblickt. Seine Gedichte kreisen in Form einer Liebeslyrik um die schicksalhafte Liebe zu der Unnahbaren.

Aus dem 16. Jahrhundert nehmen wir das Werk „die tragische Historie von Doktor Faustus" von Christopher Marlowe mit. Der Autor ist ein erbitterter Widersacher von William Shakespeare gewesen und beschreibt 200 Jahre vor Goethe seine Geschichte von Doktor Faustus, der sich wissens- und machtgierig gebärdet und sich sogar mit dem Teufel einlässt.

Im 17. Jahrhundert ist „Don Quijote" von Miguel de Cervantes erschienen, der vom Ritter in trauriger Gestalt und seinen Abenteuern mit seinem Knappen erzählt. Dieser Klassiker gilt als literarischer Hochgenuss aufgrund seiner seltsamen Irrungen und Wirrungen.

Im 18. Jahrhundert nimmt die Erschaffung der Weltliteratur zu. Neben Voltair, Goethe Schiller und Lessing schreibt Daniel Defoe seinen Weltroman Robinson Crusoe, in welchem der allein auf einer einsamen Insel gestrandete Robinson versucht, mit allen Tricks und Mitteln jahrelang zu überleben. Schließlich bekommt er einen Gefährten, Freitag, dem er seine Sprache näher bringt.

Im nächsten Jahrhundert schreibt Alexandre Dumas neben anderen Autoren, wie Tolstoi, Wilde, Dickens, Dostojewski, Doyle oder Austen, seinen Welterfolg „der Graf von Monte Christo". Nachdem der Protagonist lange im Gefängnis gesessen hat, treibt ihn nach seiner Freilassung nur das Ziel, sich an den ehemaligen Freunden, die ihn in das Gefängnis brachten, zu rächen. Dumas schuf hier eine umfassend fesselnde Betrachtungsweise der vergangenen Zeit des 19. Jahrhunderts. Eine beeindruckende Abenteuergeschichte in großem Stil.

Das 20. Jahrhundert schließlich wartet auf mit großen Autoren, wie Mann, Hemingway, Saint-Exupéry, Kafka, Hess, Grass, Orwell oder Frisch. Im Sciencefiction-Roman „Schöne neue Welt" schreibt Aldous Huxley in den 1930er Jahren geradezu prophetisch, wie er sich die Welt in 600 Jahren vorstellt. Wir müssen zugeben, dass viele Einzelheiten schon eingetreten sind.

M wie Musik

Musik ist eine organisierte Art und Weise der Schallerzeugung, wobei Geräusche und Töne mit Hilfe von verschiedenen Mitteln und Materialien gewonnen werden. Diese können dann ein Lied ergeben.

Der älteste Musikfund ist 35.000 Jahre alt: eine aus Holz geschnitzte Flöte. Experten gehen aber davon aus, dass der Mensch schon früher musiziert hat. Pauken, Rasseln und Trommeln sind aus der Jungsteinzeit überliefert. Das bezeugt, dass der Mensch eine uralte Faszination für Musik besitzt. Hörner, Klangplatten und Klapperbleche wurden in der Bronzezeit, 3000 bis 1200 v. Chr., benutzt um Klänge und Laute zu erzeugen. Diese Instrumente wurden sogar im Akkord gespielt. Man konnte also bestimmte Harmonien erzeugen. Die alten Perser und Sumerer hatten schon Saiteninstrumente, die davon zeugen, wie kreativ die Menschen schon früh in ihrer musikalischen Entwicklung waren.

Musik wurde in der Antike, 800 bis 146 v. Chr., zum ersten Mal als Kunst angesehen. 400 v. Chr. war Musik eng mit Tanz und Poesie verknüpft. Seitdem sind Ton- und Dichtkunst eng miteinander verbunden. Unsere heutigen Tonlehren basieren auf scharfen Überlegungen des Mathematikers Phythagoras, der über Intervallproportionen nachdachte. Aristoleles (384 – 322 v.

Chr.), der sagte: „Im Wesen der Musik liegt es, Freude zu bereiten", und Platon waren die ersten Musikphilosophen. Platon sagte: „Musik und Rhythmus finden ihren Weg zu den geheimsten Plätzen der Seele". Die Erkenntnisse von Phythagoras wirken bis heute fort und im Mittelalter wurde es ein Trend, lieber Musik zu komponieren, als sie selbst zu spielen. Zu der Zeit war jedoch auch der Minnesang gerade am Hof sehr populär.

Unsere Notenlinien, auf die u. a. die Tonhöhe festgehalten wird, geht zurück auf einen italienischen Mönch und Musiklehrer, der im 11. Jahrhundert n. Chr. das Notensystem eingeführt hat. Er hat den Noten auch die Namen ut, re, mi, fa, so, la gegeben.

Später in der Zeitgeschichte fand die Musik zunächst in der Romantik und dann in der Zeit der Aufklärung eine regelrechte Erneuerung. Es entstanden neue Rhythmen und Instrumente und die Musik hatte immer mehr Anhänger. Aus dem 18. Jahrhundert stammt Ludwig van Beethoven, geboren 1770, gestorben 1827. Er lernte Klavier, Violine und Orgel schon als Kind. Sein erstes Konzert gab er mit sieben Jahren und mit 12 Jahren komponierte er Lieder, die lustige Namen hatten. Beethofen hat nie geheiratet. Sein Verhältnis zu Frauen ist ein Rätsel. „Für Elise", sein wahrscheinlich bekanntestes Klavierstück, hat er wohl für die Opernsängerin Elisabeth Röckel geschrieben. Der wilde und revolutionäre Komponist hat mit seinem Werk die Romantik geprägt. 240 Sinfonien, Streichquartette, Klavierkonzerte und eine Oper hat er hinterlassen. In der 9. Sinfonie setzte er einen Chor ein und krempelte damit die Musikgeschichte um. Mit seinem Perfektionismus komponierte Beethoven für die Nachwelt. Beethoven starb wahrscheinlich mit 56 Jahren an Leberzirrhose.

Afroamerikanische Gruppen gewannen im 19. Jahrundert zunehmend an Einfluss. Solokünstler wurden dann in den Hintergrund gedrängt.

In der Neuzeit wurden Gitarren, Schlagzeuge und Trompeten, sowie elektronische Instrumente und Schallverstärker vermehrt in der Musik eingesetzt. Daraus gingen neue Stilrichtungen hervor wie Swing, Jazz und Rock, was zur Revolution der Hörgewohnheiten führte. Man konnte frei zwischen vielen Künstlern und vielen verschiedenen Musikrichtungen, je nach Geschmack, wählen. In den 80er Jahren waren neuen Klänge aus dem Synthesizer zu vernehmen, ein Instrument, welches die Epoche prägte. Daraus entwickelte sich Trance, House, und Techno. Aus Jazz und Rock gingen Unterklassen wie Heavy Metall und RnB hervor. Hip-Hop und Rap-Musik hatten Ende des 20. Jahrhunderts besonders viele Anhänger.

Weltstars in der Musik füllen mit ihren Konzerten heutzutage ganze Stadien und es wundert nicht, dass sie zu den Meistverdienern der Gesellschaft gehören.

N wie Nachhaltigkeit

Dieses Wort ist sein einiger Zeit vor einem ernsten Hintergrund sehr modern geworden. Im Allgemeinen wird unter Nachhaltigkeit verstanden, dass die positive Wirkung meines Tuns längere Zeit anhält. Ursprünglich kommt Nachhaltigkeit jedoch aus der Forstwirtschaft. Schon Hans Carl von Carlowitz hat 1713 verstanden und veröffentlicht, dass nicht mehr Holz gefällt werden darf, als jeweils nachwachsen kann.

Seit 1987 leitet uns die sogenannte BRUNDTLAND Definition: Nachhaltige Entwicklung ist eine Entwicklung, die die Bedürfnisse der Gegenwart befriedigt, ohne zu riskieren, dass künftige Generationen ihre Bedürfnisse nicht befriedigen können.

Grund dafür, dass die Nachhaltigkeit eine traurige Berühmtheit erlangt hat, ist die Tatsache, dass die Entwicklungen in der modernen Welt, wie Globalisierung, Überbevölkerung und Industrialisierung, negative Konsequenzen für die Umwelt hat.

Nachhaltig handeln bedeutet, davon auszugehen, dass die natürlichen Ressourcen nicht unendlich sind. Der Schutz und der vernünftige Gebrauch sind notwendig, damit sie nicht versiegen.

Zu erklären ist der Nachhaltigkeitsgedanke mit dem Drei-Säulen-Modell: Ökologie, Ökonomie und Soziales bilden die Grundlage des Modells und sind immer zusammenhängend zu betrachten. Die Ökologische Säule beinhaltet Klimaschutz, Ressourcenschutz und auch die Artenvielfalt. Außerdem sollen Lebensmittel ökologisch angebaut werden. Das heißt z.B., dass keine Pestizide eingesetzt werden. Auch mit unseren Ressourcen müssen wir sparsamer umgehen. Das Benzin wird irgendwann aufgebraucht sein. Deshalb arbeitet man mit Hochdruck an einer Alternativen, dem Elektroauto, damit künftige Generationen umweltfreundliche Autos nutzen können. Wobei Elektroautos durchaus umstritten sind.

Die zweite Säule bildet die Ökonomie, also die Wirtschaft. Im Supermarkt soll zum Beispiel nur noch Gemüse der Region und der Saison angeboten werden. Mangos und Bananen, die aus Übersee kommen, haben eine lange Flugreise hinter sich, die sich negativ auf die Ökobilanz auswirkt. Der übermäßige Kraftstoffverbrauch trägt zur Umweltverschmutzung bei.

Als dritte Säule beinhaltet das Modell die soziale Komponente. Ziele sind unter anderem eine bessere Bildung und Ausbildung, die Gleichberechtigung von Mann und Frau, Wohlstand für alle Menschen auf dieser Erde.

Als Beispiel misslungener Nachhaltigkeit geschieht es leider immernoch, dass ein in Indien produzierender Getränkehersteller aus einem Industrieland die Trinkwasserbrunnen der Dörfer vereinnahmt, da er das Wasser für die Getränkeherstellung benötigt.

Aber Achtung, viele Unternehmen versuchen auch, aus dem Nachhaltigkeitsgedanken Profit zu schlagen. Nicht alle Produkte, die als nachhaltig angeboten werden, sind dieses auch. Der Konsument muss sich gut über seine Ware informieren.

Wissenschaftler fanden vier Aspekte der Nichtnachhaltigkeit, die wir einstellen müssen, um nachhaltig zu sein. Alle sind gleichermaßen wichtig zu beachten.

1. Dass wir aus der Erdkruste, der Lithosphäre, große Mengen Materialien fördern. Diese Materialien, wie Öl, Erdgas oder Schwermetalle, sind in der Biosphäre selten. Wir fördern sie in so großen Mengen, dass die Natur mit deren Präsenz überfordert ist.

2. Wir stellen Substanzen, wie chemische Stoffe oder Kohlendioxid her, die sich in der Natur ansammeln und die Natur überfordern.

3. Wir hemmen die Kreislaufeigenschaften der Natur physisch durch Holzeinschlag, der die Wachstumsrate der Bäume übersteigt. Systematische Zerstörung der Ökosysteme findet im Tausch gegen versiegelte Stadtflächen statt. Naturkreisläufe kommen zum Erliegen.

4. Soziale Aspekte: Wir stellen Menschen weltweit Hindernisse bei der Erfüllung ihrer Grundbedürfnisse, wie Kreativität, Identität, Teilhabe… in den Weg. Wenn wir zum Beispiel ein Produkt kaufen, das unter menschenunwürdigen Umständen in einem

Entwicklungsland hergestellt wurde, dann unterstützen wir diese Produktionsmethoden und damit die schlechten Arbeitsbedingungen in dieser Fabrik und die Tatsache, dass die Menschen, die dort arbeiten nicht in der Lage sind, ihre Grundbedürfnisse zu befriedigen.

Der Ökologische Fußabdruck, Ecological Footprint, ist ein 1990 ins Leben gerufenes Maß für Nachhaltigkeit. Mit ihm wird die Beanspruchung des Ökosystems und der natürlichen Ressourcen der Welt abgebildet. Er gibt die Größe der Acker- und Weidefläche, Wälder und Meeresfläche an, die nötig ist, um die Ressourcen, die verbraucht werden, zu erneuern und die Abfallprodukte, die entstanden sind, aufzunehmen. Mit diesem Wert kann die Auswirkung unseres momentanen Konsums mit den Ressourcen, welche die Erde zu Verfügung stellt, verglichen werden. Momentan leben wir in einem Defizit, denn wir bräuchten 1,7 Erden, um das Konsumverhalten unserer Menschheit zu kompensieren, wobei die Industrieländer einen weitaus ungünstigeren ökologischen Fußabdruck haben. Es ist auch möglich, seinen individuellen Ökologischen Fußabdruck ermitteln zu lassen.

O wie Oper

Seit 1639 gibt es die Bezeichnung Oper. Wobei die Oper natürlich eine viel ältere Geschichte hat. Schon seit der Antike (800 v. Chr. – 146 v. Chr.) waren szenische Aktionen in Verbindung mit Musik bekannt. Im Mittelalter (476 n. Chr. – 1453) fand in Form von gesungener Handlung das biblische Oster- und Weihnachtsspiels in Kirchen statt. Italien gewann nach und nach an Bedeutung bei den mukikalisch-theatralischen Aktionen der Renaissance (1300 – 1600), aber auch der französische Königshof im 16. Jahrhundert. Die ersten Opern Ende 16. Jahrhundert sind der griechischen Mythologie entnommen.

Claudio Monteverdi hat als ältester, bekannter Komponist 1607 seine erste Oper „L´Orfeo" geschrieben. In seinen Werken wird die Arie betont und bekommen Chöre ein größeres Gewicht. 1643 schrieb er die bedeutende Oper „L´incoronazione di Poppea", in der die Hauptrolle, Kaiser Nero, von einem Kastraten gesungen und von virtuoser Musik begleitet wird.

Das erste öffentliche Opernhaus entstand 1637 in Venedig. Der Spielplan wurde vom liquiden Adel bestimmt, der Opern auf den Plan rief, in denen der Hauptstrang der Erzählung von Intrigen mit lächerlichen Figuren im Hintergrund bestimmt wurde.

Im deutschsprachigen Raum verankerten sich Opernhäuser nach dem 30 – jährigen Krieg (1618 – 1648), das erste 1657 in

München. Das erste bürgerliche Opernhaus Deutschlands war die Oper am Gänsemarkt in Hamburg von 1678. Aufgeführt wurden u.a. Werke von Händel und Telemann. Ab 1780 revolutionierte der Salzburger Wolfgang Amadeus Mozart die Opernwelt und wirkte weit ins 19. Jahrhundert hinein. Er schaffte es sogar, die italienisch sprachigen Opern aus dem deutschsprachigen Raum zurück zu drängen, indem er seine ersten Opern auch auf italienisch schrieb. 1786 gelang ihm mit „Die Entführung aus dem Serail" sein Durchbruch. Es folgte „Figaro", „Don Giovanni", und „die Zauberflöte". Hier geht es um Papageno, der Papagena verführen will und Tamino Pamina. Auf dem Weg zur Liebe sind jedoch einige schwierige Prüfungen zu absolvieren: es geht um Mord und um Selbstmord. Und sie müssen Verzicht üben über Speis und Tank und über Sprechen und Gesang. Es gibt eine Schlange, die Feuer speit und eine flammende Königin. Eine Zauberflöte sowie ein Glockenspiel helfen bei der Überwindung der Gefahren.

Ab Mitte des 18. Jahrhunderts wurde auf den Einsatz der hohen Kastratenstimmen verzichtet. Im 19. Jahrhundert zeichnete die französische Revolution (1789) deutliche Spuren in der Opernwelt ab. Die deutlichsten bei Ludwig van Beethovens Oper „Fidelio" beziehungsweise „Leonore", wie sie zuerst hieß und die in den frühen 1800er Jahren entstand. Behandelt wird ein historischer Fall: Leonore verschafft sich Zutritt zum Hochsicherheitsgefängnis, wo ihr Mann Florestan willkürlich eingesperrt ist. Florestan ist dem Tode nah und Leonore will ihn befreien. Mit einigen Hindernissen schaffen sie es. Der Name Fidelio steht dabei für Leonores Treue und Loyalität ihrem Ehemann Florestan gegenüber. Am Ende singt der Schlusschor von Freiheit und Gerechtigkeit als Utopie. Dieser Chor singt auch gegen Schranken und Ängste des menschlichen Daseins an. Dieses ist Beethovens einzige realisierte Oper.

In Italien kam Giuseppe Verdi als bedeutsamer Komponist von „Nabucco", „Rigoletto", „La traviata" hervor, die nach der Romanvorlage von „Die Kameliendame" von Alexandre Dumas entstanden ist. Im Alter von 80 Jahren hat er die bedeutendste seiner 30 Opern, die „Aida", geschrieben.

Um die Jahrhundertwende kam dann Giacomo Puccini auf den Plan mit „La Bohème", „Tosca" und „Madam Butterfly", der als meistgespieltester Opernkomponist gilt. Der Expressionist der spätromantischen Jahre war schließlich Richard Strauss mit „Salome" oder „Der Rosenkavalier".

P wie Paradoxon

Paradoxa sind wenigstens die Würze im weiten Feld der Logik. Das Gehirn wird irritiert und Gewissheiten erschüttert.

DIESER SATZ IST FALSCH– das ist der Klassiker und das einfachste Lügner - Paradoxon. Es kommt dadurch zustande, dass ein Satz seine eigene Unwahrheit behauptet. Der Logik wird, dadurch dass sich der Satz auf sich selbst bezieht, eine Falle gestellt, in die sie rettungslos tappt. Es kommt zu einem Widerspruch, der nicht aufzulösen ist. Wenn der Satz richtig ist, ist er das, was er aussagt, nämlich falsch. Wenn er aber falsch ist, so muss er richtig sein…

Ein Anwendungsbeispiel: Es gibt eine Karte, auf der steht: DER SATZ AUF DER ANDEREN SEITE DER KARTE IST WAHR. Dreht man aber die Karte um, so ist zu lesen: DER SATZ AUF DER ANDEREN SEITE DER KARTE IST GELOGEN.

Diese beiden aufeinanderbezogenen Sätze können nicht geklärt und entwirrt werden. Die jeweils andere Aussage wird negiert.

Ebenso paradox spricht jemand, der behauptet: ICH LÜGE GERADE. Wenn er lügt, heißt das, das er nicht lügt. Und wenn er nicht lügt, dann sagt er aber, dass er lügt. Also was denn nun? Diese Art des Paradoxons ist als Vorform des Paradoxon des Epimenides bekannt.

Das Barbier-Paradoxon wurde 1918 vom britischen Mathematiker und Philosophen Bertrand Russel erfunden. Es geht so: „ Ein Barbier soll definiert werden, als einer der alle rasiert, die sich nicht selbst rasieren. Nun fragt man sich: Rasiert der Barbier sich selbst? Wenn er sich selbst rasiert, dann rasiert er sich nicht selbst, denn nach der Definition rasiert er nur die, die sich nicht selbst rasieren. Und falls er sich nicht selbst rasiert, so rasiert er sich selbst, da er per Definition alle, die sich nicht rasieren, rasiert.

Russel schuf auch das nahe gelegene Klub – Paradoxon: In diesem Klub kannst du nur Mitglied werden, wenn du nicht Mitglied in einem Klub bist! Dieses Prinzip ist als Russellsche Antinomie in die Geschichte eingegangen: BILDE DIE MENGE ALLER MENGEN, DIE SICH NICHT SELBST ALS ELEMENT ENTHALTEN.

Das Allmachtsparadoxon stellt eine Frage an Gott: Kannst du einen Stein erschaffen, den du nicht selbst hochheben kannst? Hier wird der Frage nachgegangen, ob ein omnipotentes Wesen ewas schaffen kann, was seine eigene Allmacht übertrifft und damit seine Allmacht begrenzt. Hier kann natürlich eine Diskussion entfachen, eher muss man davon ausgehen, dass die Kräfte Gottes nicht der Logik unterworfen sein müssen und das Allmachts- Paradoxon deswegen keines ist.

Wenden wir uns wieder einem eindeutigen Paradoxon zu, dem vom Schiff des Theseus, welches in der ältesten Fassung vom antiken, griechischen Schriftsteller Plutarch festgehalten wurde: Die Athener bewahrten die Galeere des Theseus auf und im Laufe der Zeit wurden Teile erneuert, Planken …, da sie schon hinüber waren. Am Ende war das ganze Schiff erneuert. Nun stellt sich die Frage: Ist es nun noch das gleiche Schiff oder ein anderes?

Und schließlich wenden wir uns dem Paradoxon der unerwarteten Hinrichtung zu, welches auch das Henker-Paradoxon genannt wird. Ein Richter teilt einem zum Tode Verurteilten mit, dass er in der nächsten Woche von Montag bis Freitag hingerichtet werden soll und zwar völlig überraschend. Der Termin werde nicht genannt, die Exekutionen finden jeweils am Mittag statt, das weiß der Verurteilte. Und er schöpft daraus folgende Hoffnung: Falls er am Donnerstag Nachmittag noch am Leben wäre, dann könnte er am Freitag nicht mehr hingerichtet werden, da dieses dann nicht mehr überraschend wäre. Damit wäre der Freitag ausgeschlossen und als Folge davon auch der Donnerstag und so fort. „Dann kann ich ja gar nicht mehr hingerichtet werden" jubelt er innerlich als er am Mittwoch völlig überraschend zum Schafott geführt wird.

Die entscheidende Schlussfolgerung, dass er am Freitag nicht mehr hingerichtet werden kann, basiert auf der Vorraussetzung, dass er am Donnerstag noch am Leben ist. Alle weiteren Schlussfolgerungen bauen auf der ersten auf.

Q wie Quantenphysik

Die Quantenphysik beschäftigt sich mit dem Verhalten von sehr kleinen Teilchen. Das können Photonen, Elektronen oder auch Atome sein. Die Ergebnisse der Studien wiedersprechen oft dem gesunden Menschenverstand. In der Quantenphysik ist es möglich, dass sich ein Objekt an verschiedenen Stellen gleichzeitig befinden kann oder dass eine Katze gleichzeitig tot und lebendig sein kann. Dabei sind die Grundprinzipien dieser jungen Wissenschaft leicht zu verstehen. Es ist von Vorteil, sein logisches Denken ausschalten zu können. Das legendäre Zitat von Albert Einstein: „Gott würfelt nicht", macht deutlich, dass er, das Genie der Physik, zeitlebens im Konflikt mit der Quantenphysik stand. Die Schlussfolgerungen laufen dem gesunden Menschenverstand zuwider, weshalb die moderne Disziplin oft als unverständlich angesehen wird. Und doch können wir uns nicht entziehen und nicht negieren, dass gerade diese unsinnig wirkenden Gesetze unsere Welt im Innersten bestimmen.

In der Quantenphysik kann ein Teilchen an zwei Orten gleichzeitig sein. Dieses Phänomen ist als Superposition bekannt geworden. Nachgewiesen wird dieses im sogenannten Doppelspaltversuch: Ein einzelnes Elektron fliegt auf eine Wand zu, in der sich zwei Spalte befinden. In der klassischen Physik müsste sich das Teilchen für einen Spalt entscheiden und dahinter entsprechend nachweisbar sein. In der Quantenphysik jedoch ist eindeutig nachweisbar, dass das eine Elektron beide Spalte passiert haben muss, denn hinter den Spalten bildet sich ein sogenanntes Interferenzmuster in Form einer Wellenfunktion. Dieses macht deutlich, dass die Materie auch Wellennatur hat.

Im normalen Leben gilt grundsätzlich das Gesetz: Erst die Ursache, dann die Wirkung. Die Quantenphysik kann diese umdrehen. Selbst wenn wir den einen Spalt erst öffnen, wenn das Teilchen das Hindernis schon passiert hat, aber bevor der Detektor es aufgezeichnet hat, dann kann nachgewiesen werden, dass es trotzdem beide Spalte benutzt hat. So etwas gibt es normalerweise nicht, denn hier ist das Ursache-Wirkungs-Prinzip ausgehebelt. Auch wird wichtig, in welchem Moment ich hinschaue, denn das Teilchen verhält sich anders, wenn ich es beobachte und wenn ich nicht hinschaue oder wenn ich nicht messe und wenn ich messe.

Erwin Schrödinger, der einer der Begründer dieser neuen Disziplin war, suchte sehr nach Antworten auf die Frage: Wie ist es möglich, dass ein Beobachter, der subjektiv am Experiment teilnimmt, die Realität so derartig beeinflussen kann.

Er entsann 1935 ein Gedankenexperiment, welches unter dem Namen Schrödingers Katze berühmt geworden ist: In unserer Vorstellung sitzt eine Katze in einer Kiste, die verschlossen und nicht einsehbar ist. Außerdem befindet sich noch ein Tötungs-

Apparat mit in der Kiste. Dieser wird absolut zufällig davon gesteuert, ob ein radioaktives Atom zerfällt. Es lässt sich berechnen, wie viele Atome in einer Stunde zerfallen werden, aber man kann nicht mit Gewissheit sagen, ob in der Stunde, in der die Katze in der Kiste sitzt, ein tödliches Atom zerfällt. Die Wahrscheinlichkeit steht 50:50. Die Quantenphysik sagt, dass die beiden Zustände tot und lebendig sich per Wellenfunktion überlagern, weshalb gesagt wird, die Katze ist tot und lebendig solange die Katze in der geschlossenen Kiste sitzt. Erst in dem Moment, in welchem die Kiste geöffnet wird und der Mensch hineinschaut, entscheidet sich der Zustand der Katze.

Ein weiteres, wichtiges Stichwort ist die Unschärferelation. Es scheint, als würden sich die Teilchen mutwillig einer präzisen Beobachtung entziehen. Denn in der klassischen Physik ist es so, dass immer genauere Messungen auch zu genaueren Ergebnissen führen. In der Quantenphysik nicht.

Die Quantenphysik ist die grundlegende Theorie über die Natur. Sie erklärt die Stabilität der Materie. Sie erklärt, wie sich die Elementarteilchen zu Atomen verbinden und diese zu Festkörpern, Flüssigkeiten und Gasen. Sie bildet die Grundlage der modernen Elektronik, indem sie das Verhalten der Materie unter dem Einfluss elektrischer und magnetischer Felder erklärt. Sie enträtselte das Geheimnis der Entstehung des Lichts. Erst dadurch verstand man, warum unsere Sonne leuchtet. Und sie verführte uns dazu, diese Prozesse hier auf der Erde beherrschen zu wollen, Stichwort: Atombombe. Bislang hat kein wissenschaftliches Experiment Zweifel an der Quantenphysik aufkommen lassen. Im Gegenteil, sie hat uns die Wahrheit am Wesen der Natur einen weiteren Schritt näher gebracht.

R wie Religionen der Welt

Hier sind die fünf größten und weitverbreitetsten Religionen skizziert: Das Christentum hat mit 2,3 Mrd. die meisten Anhänger, gefolgt vom Islam mit 1,6 Mrd. Anhängern. Dem Hinduismus hängen 940 Mio. Menschen an, dem Buddhismus 460 Mio. Menschen und schließlich das Judentum mit 15 Mio. Anhängern.

Wie auch der Islam und das Judentum ist das Christentum eine Offenbarungsreligion. Christen vertrauen auf Jesus Christus, der vor zweitausend Jahren in Bethlehem auf die Welt gekommen ist. Jesus ist der Heilsbringer, der Messias, der den Christen im Alten Testament prophezeit wurde. Jesus sagt : „Ich bin der Weg, die Wahrheit und das Leben. Niemand kommt zum Vater außer durch mich". Die Offenbarungen sind in der Bibel festgehalten. Die Menschen gelangen zu Gott durch die Gnade und Liebe, die Jesus den Menschen bereitet. Das wichtigste christliche Fest ist das Osterfest, an dem Jesus auferstanden ist, nachdem er Karfreitag ans Kreuz geschlagen wurde. Die Christen glauben, dass Jesus die, die an Gott glauben, auf diese Weise von allem Leid der Welt und allen Sünden befreit hat. Christen glauben an das ewige Leben nach dem Tod.

Der Islam geht als monotheistische Religion auf den Mekkaner Mohammed zurück. Dieser stiftete den Islam in Arabien im 7.

Jahrhundert. Islam bedeutet völlige „Hingabe an Gott". Der eine wahre Gott des Islam ist Allah und sein Prophet ist Mohammed. Menschen, die dem Islam angehören, heißen Muslim, bzw. Muslime oder Moslems, Muslimas oder Musliminnen. In der Türkei sind ca. 99 % Muslime beheimatet. In Deutschland sind es ca. 4 Mio. Die vom Propheten Mohammed offenbarte Rede Gottes findet sich im Koran, der textlichen Grundlage des Islams. Die fünf Säulen des Islams, die alle Muslime einhalten müssen, sind der Glaube an die Einheit Allahs und das Ablegen des Bekenntnisses zu diesem Glauben. Fünf mal täglich beten. Wohltätigkeiten zu den Mitmenschen. Das Fasten im Ramadan, hier wird ein Monat lang im neunten Monat des islamischen Mondkalenders gefastet. Die Pilgerfahrt nach Mekka.

Der Hinduismus ist die drittgrößte Religion. Unter ihrem Dach finden sich verschiedene Religionen. Allen gemein ist, dass es im Hinduismus mehrere Götter gibt. Die Anhänger glauben an die göttliche Kraft „Brahman", an die Wiedergeburt und schließlich die Erlösung. Hindus verehren die heilige Kuh und um die Götter zu ehren, wird jedes Jahr zu den heiligen Stätten gepilgert. Die meisten Hindus leben in Indien.

Als viertgrößte Weltreligion gilt der Buddhismus, in welchem die Anhänger weder an einen allmächtigen Gott glauben, noch an das ewige Leben. Damit unterscheidet er sich generell von den anderen vier Weltreligionen. Im Buddhismus geht es darum, durch Selbsterkenntnis Erlösung zu erlangen. Der Weg zur Selbsterkenntnis wird durch Meditation beschritten. In den asiatischen Ländern ist, angeführt von China und Japan, die weiteste Verbreitung. Seinen Ursprung hat der Glaube aber in Indien. Auch im Buddhismus existieren mehrere Religionen nebeneinander, die sich je nach Land unterscheiden. Gemein ist, dass sich jedes Leben in einem ewigen Kreislauf von Geburt und Wiedergeburt befindet. Das Ziel des Buddhisten ist, diesen endlosen Kreislauf zu durchbrechen und ins Nirwana, die Erlösung, einzutreten.

Das Judentum gehört zu den relativ kleinen Religionen, hat aber schon früh das Christentum und den Islam beeinflusst. Es war auch als erstes in der Welt verbreitet. Juden nennen ihren Gott „Jahwe". Abraham ist der Auserwählte Gottes. Die Thora beinhaltet die fünf Bücher Moses. Juden warten auf den Erlöser der Welt, der in den Schriften angekündigt wird.

S wie Sprachen

Fangen wir mal bei unserer Sprache an: Als Muttersprache sprechen weltweit ca. 105 Millionen Menschen Deutsch. Und viele Millionen Menschen haben Deutsch als Zweitsprache gelernt. In der EU ist Deutsch die meist gesprochene Sprache. Denn neben Deutschland wird auch in der Schweiz, in Österreich, in Belgien, Italien, Liechtenstein und Luxemburg, Deutsch gesprochen. In Brüssel, dort ist der Verwaltungssitz der Europäischen Union, gehört Deutsch zu den offiziellen Amstsprachen. In der Verwaltung der UN, den Vereinten Nationen, wird jedes Dokument auch ins Deutsche übersetzt.

Deutsch ist eine indogermanische Sprache. Genaugenommen eine westgermanische, indogermanische Sprache. Deutsch ist mit drei verschiedenen Sprachen dieses Typs eine sogenannte Artikelsprache. Eines der Hauptkennzeichen ist das sogenannte Kongruenzprinzip. Das bedeutet, dass jedes Substantiv ein bestimmtes Geschlecht hat, welches man von dem Artikel ablesen kann. Wenn dann das Substantiv von einem Adjektiv begleitet wird, dann wird das Adjektiv auch an das Substantiv angepasst und zwar im Fall (Kasus), in der Zahl (Nummerus) und im grammatischen Geschlecht (Genus). Besonders ist auch, dass sich im Deutschen durch aneinanderhängen, oftmals mit einem Fugen s, sehr lange Wörter bilden lassen, wie z.B. Donau-dampfschifffahrts-gesellschafts-kapitäns-mütze. Wenn man

Deutsch schreiben will, ist Vorsicht geboten, denn man schreibt nicht unbedingt so, wie man spricht. Groß- und Kleinschreibung ist auch geboten. Die Deutsche Sprache hat im Laufe ihrer Entwicklung eine Vielzahl von Einflüssen erlebt. Am Anfang war die Lateinische Sprache stark einflussgebend. Das lateinische Wort fenestra für Fenster zeugt davon. Das Griechische war auch prägend, wie Wörter wie Demokratie bezeugen. Später im Mittelalter hatte das Französische dann starken Einfluss, wie bei den Wörtern Büro, Zigarette, Ingenieur oder Fassade sichtbar ist. Im 20. Und 21. Jahrhundert war dann schließlich der englische Einflluss sehr stark, welcher besonders im Berufsalltag sichtbar wird: meetings, Email, googeln, shoppen, dresscode, deadline, image…

Man kann davon ausgehen, dass es weltweit etwa 6500 Sprachen gibt. Viele sind miteinander verwandt und andere stehen allein und isoliert da. In Asien und Afrika werden die meisten verschiedenen Sprachen gesprochen. Viele Sprachen haben mindestens 50.000 Wörter. In Alltagsgesprächen werden jedoch nur einige hundert Wörter benutzt. Bis zu einem Alter von einem Jahr machen Babys alle möglichen Laute. Sie könnten jede Sprache lernen. Mit einem Jahr dann sprechen sie die ersten klaren Wörter aus. Mit drei Jahren bilden sie schon komplexe Sätze und mit fünf Jahren kennen sie schon mehrere tausend Wörter.

Zweisprachige Menschen haben einen klaren wirtschaftlichen Vorteil, wenn es darum geht, einen Job zu bekommen. Betriebe, in denen mehrere Sprachen praktiziert werden, multilinguale Betriebe, haben einen klaren wirtschaftlichen Vorteil. Für das Individuum hat Biligualität auch private Vorteile: Man lernt schneller eine weitere, neue Sprache, das Denkvermögen wird geschärft und man kommt leichter in Kontakt mit Menschen anderer Kulturen und Sprachen. Die meisten europäischen Sprachen gehören den drei großen Sprachgruppen an: romanische, germanische und slawische Sprachen. Zu den romanischen Sprachen gehören auch das Spanische, das Französische, das Italienische, das Portugiesische und das Rumänische. Zu den slawischen Sprachen zählt man Polnisch, Weißrussisch, Ukrainisch, Russisch, Tschechisch, Kroatisch, Serbisch, Slowenisch und Slowakisch. Germanisch sind: Deutsch, Jiddisch, Englisch, Niederländisch, Schwedisch, Isländisch, Norwegisch und Dänisch. Die meisten europäischen Sprachen arbeiten mit dem lateinischen Alphabet. Einige slawische Sprachen jedoch benutzen das kyrillische Alphabeth und manche auch ein eigenes, so Griechisch, Jiddisch ...Durch die Migration ist Europa größtenteils mehrsprachig geworden. So werden in London allein ca. 300 Sprachen gesprochen , z.B. Türkisch, Arabisch, Kurdisch, Berberisch, Hindi, Panjabi.

T wie Technik

Die Geschichte der Technik ist eng mit der Menschheitsgeschichte verbunden. Feuer und Faustkeil gehören zu den primären Errungenschaften. Rasant entwickelte sich die Technik, nachdem die Menschen in der Altsteinzeit sesshaft geworden waren. In der Bronzezeit wurden Waffen und Werkzeuge angefertigt. Bald hatte man das Rad erfunden, welches das Transportsystem revolutionierte und die Töpferscheibe zur Herstellung von Keramik antrieb. In der Antike entdeckte man das Hebelgesetz, welches vielen Werkzeugen zu Grunde liegt. Und man brachte den Flaschenzug hervor, der beim Heben und Bewegen von Lasten außerordentlich wertvolle Dienste leistet. An der Grenze zum Mittelalter wurden Wasserräder und später Windmühlen entwickelt. Weitere Fortschritte machte die Landwirtschaft mit dem Hufeisen, dem Räderpflug und dem Kummet, welches gebraucht wurde, um Zugtiere einzuspannen. Im Mittelalter wurden Burgen gebaut und bepanzerte Ritter waren in Rüstung unterwegs. Während Belagerungen wurde das Tribock, eine präzise Wurfwaffe , als Katapult eingesetzt. Die Renaissance (1300 – 1600) brachte Festungen und Kanonen hervor. Die Entwicklung des Buchdrucks im Jahre 1440 ist ein Meilenstein in der Technikgeschichte, gefolgt von der Anwendung der Porzellanherstellung, Uhren, Mikroskope und Teleskope werden gebaut und befruchten die Naturwissenschaften, deren Forschung vorangebracht wurde. Nachdem zur Industiellen Revolution die Dampfmaschine erfunden wurde, wurden von Steinkohle angetriebene Spinn- und Webmaschinen erdacht, welche die Berufswelt umkrempelten. Später wurden auch Dampfschiffe und Eisenbahnen mit Steinkohle angetrieben. Nähmaschinen, Elektrizität, Film und Foto, Fernsehen, Kunststoffe, Computer und Luft- und Raumfahrt machten im 19. Und 20. Jahrhundert große Fortsschritte.

Viele Maschinen funktionieren nach den Prinzipien der Mechanik. Und für jede Maschine ist die Arbeit eine Sache des Naturgesetzes, denn alles was eine Maschine leistet, tut sie in Übereinstimmung mit einer Anzahl von Prinzipien oder naturwissenschaftlichen Gesetzen. Mögen Maschinen auch unterschiedlich aussehen und verschiedene Funktionen erfüllen, so arbeiten sie doch, wenn man sie unter dem Blickwinkel der Naturgesetze betrachtet, auf die ähnliche Art und Weise. Mechanische Maschinen arbeiten mit Teilen, die sich bewegen: mit Hebeln, Zahnrädern, Treibriemen, Rädern, Nocken, Kurbeln und Federn. Bei allen Unterschieden im Aussehen, sollen alle Maschinen, die mechanische Teile verwenden, nur einen einzigen Zweck erfüllen: Sie sollen sicherstellen, dass genau die richtige Menge Bewegung durch exakt die richtige Menge Kraft genau dort erzeugt wird, wo man sie braucht. Die mechanischen Teile bewegen sich, um die angewendete Kraft in eine größere oder kleinere zu verwandeln, die für die gestellte Aufgabe angemessen ist. Die Antriebskraft muss in der richtigen Menge an den richtigen Platz gelangen. Wenn man die Griffe eines Dosenöffners zusammendrückt, dann schneidet das Messerblatt ohne Mühe durch den Dosendeckel. Das Gerät ermöglicht also etwas, was sonst unmöglich wäre. Diese Aufgabe erledigt der Dosenöffner nicht, indem er einem Kraft gibt, wenn man keine hat, sondern indem er die Kraft aus dem Handgelenk in eine für diese Erledigung der Aufgabe nützliche Form umwandelt – in diesem Fall, indem er sie vergrößert – und sie dort anwendet, wo sie benötigt wird. Beim Windkraftrad sind Rad und Welle in Betrieb. Das Windkraftwerk ist das moderne Gegenstück zur Windmühle, welches jedoch keinen Mahlstein mehr antreibt, sondern einen Generatoren zur Erzeugung von Elektrizität. Um so viel Energie wie möglich aus der Strömungsenergie des Winds herauszuholen, haben die zwei- oder dreiflügeligen Rotorblätter riesige Ausmaße – bis zu 100 Metern Spannweite. Über Windsensoren steuert der Computer die Umdrehungen des Rotors. Da die Erzeugung von Elektrizität bei hohen Umdrehungszahlen am höchsten ist, werden Zahnradgetriebe eingesetzt. Die Fläche eines Rotors ist gewölbt wie die Tragfläche eines Flugzeugs. Ein Kontrollsystem steuert den Anstellwinkel.

U wie Umwelt

Die Umwelt ist gestaltet von mehreren gut funktionierenden Kreisläufen, die perfekt inneinander greifen.

Wir leben in der Biosphäre. Das ist die sehr dünne Schicht an der Oberfläche der Erde, in der Leben möglich ist. Sie ist vergleichsweise so dünn, wie die Haut an einer Zwiebel. Innerhalb dieser Biospäre leben Pflanzen und Tiere. Pflanzen produzieren Sauerstoff und Nahrung, die die Tiere verbrauchen. Im Gegenzug produzieren die Tiere Dünger und das Kohlenstoffdioxid CO_2, was beides von den Pflanzen genutzt wird. So haben wir einen gut funktionierenden, sehr schnellen Kreislauf. Wir essen jeden Tag und wir atmen immerzu.

Die Biosphäre ist in Bezug auf Energie offen. Das bedeutet, dass Energie von der Sonne hinein kommt und Strahlung hinaus geht. Dieses ist auch als der erste Hauptsatz der Thermodynamik bekannt.

Dieses System ist in Bezug auf Materie geschlossen. Nichts wird erschaffen, nichts verschwindet, alles ist nur verwandelt. Dieses ist als das Gesetz zur Erhaltung der Materie bekannt. Und es bedeutet, dass mit Ausnahme einiger Satelliten und Meteoriten alle Materie, die vor vier Milliarden Jahren auf der Erde war, heute noch hier ist. Sie hat die Form verändert und die Moleküle haben sich selbst neu geordnet, aber es ist immer noch die gleiche Materie. Damit hängt auch zusammen, dass alles die Tendenz hat, zu zerfallen. Nehmen wir z.B. ein Iphone und warten eine Million Jahre, dann ist es sehr wahrscheinlich, dass wir einen Haufen Staub erhalten. Nehmen wir einen Haufen Staub und warten eine Million Jahre, so werden wir nie ein Iphone erhalten. Das funktioniert nur in einer Richtung. Das ist auch als der zweite Hauptsatz der Thermodynamik bekannt, als Gesetz der Entropie.

Wenn aber alles die ganze Zeit zerfällt, wie ist es möglich, dass wir in dieser schönen Welt leben? Das macht die Photosynthese für uns. Die Photosynthese bezahlt die Rechnung. Pflanzen sind in der Lage, die Sonnenenergie zu nutzen, um Sauerstoff und Zucker unter Verwendung von Kohlenstoffdioxid und Wasser zu produzieren. Die Photosynthese ordnet die Materie und schafft neue Struktur. Es gibt noch andere, sehr langsame geologische Kreisläufe, die Materie aus der Lithosphäre, die wir auch als Erdkruste bezeichnen, in die Biosphäre bringen. Diese Kreisläufe sind auch sehr gut ausbalanciert. Einige Materie bewegt sich durch Vulkanausbrüche oder Verwitterung von der Erdkruste in die Biosphäre. Und es gibt ungefähr die gleiche Menge an Materie, die durch Mineralisierung oder Sedimentation von der Biosphäre zurück in die Erdkruste gelangt. All dies ist gut ausbalanciert. Diese Kreisläufe dauern Millionen von Jahren. Sind also im Gegensatz zu den vorherigen sehr langsam.

Damit unsere Umwelt so schön bleibt und den nächsten Generationen auch zur Verfügung steht, gilt es, sie zu schützen. Im Grundgesetz der BRD ist der Umweltschutz als Staatsziel im Artikel 20 a verankert.

V wie Vitamine

Vitamine sind organische Stoffe, die der Körper unbedingt braucht, die er aber zum allergrößten Teil nicht selbst herstellen kann. Für alle lebenswichtigen Funktionen werden Vitmine benötigt. Auch für unser Immunsystem. Unverzichtbar sind sie für den Aufbau von Zähnen, Knochen, Zellen und Blutkörperchen. Alle Tiere benötigen Vitamine, Pflanzen nicht, dafür stellen sie die meisten her. Aber auch Bakterien oder Tiere produzieren einige.

Vitamine werden mit verschiedenen Großbuchstaben benannt. Das erste Vitamin, Vitamin A, wurde erst 1913 entdeckt. Dabei hatte man schon im 16. Jahrhundert erkannt, dass man einige Krankheiten durch eine gezielte Speise heilen konnte: den Skorbut, die Seefahrerkrankheit. Und doch entdeckte man erst im 20. Jahrhundert, dass es Krankheiten gibt, die aufgrund eines Vitaminmangels entstehen.

Vitamin A, als Vorstufe Betacarotin genannt, ist z.B. für den Sehvorgang essentiell. Es findet sich in Leber und Betacarotin in Möhren, Brokkoli und Spinat. Schwangere benötigen mehr davon, sollten aber in den ersten drei Monaten keine Leber essen.

Vitamin D ist für die Knochenbildung wichtig. Es findet sich in fettem Seefisch, in Leber und Eigelb. Wenn wir uns im Freien aufhalten, dann wird es über die Haut gebildet, ansonsten sollten wir ein Vitaminpräparat zu uns nehmen.

Vitamin K ist für die Blutgerinnung und für die Knochenbildung zuständig. In grünem Gemüse, in Fleisch, Eiern, Getreide und Früchten ist es zu finden.

Vitamin B1 ist für die Muskulatur von Wichtigkeit. Es ist vor allem in Fleisch und Leber, aber auch in Kartoffeln, Vollkornprodukten und Hülsenfrüchten enthalten. Wir müssen es regelmäßig zu uns nehmen, da der Körper es nicht lange speichern kann.

Vitamin B2 ist für den Energiestoffwechsel wichtig. Milch, Fleisch, Vollkornprodukte, Fisch und Eier enthalten dieses Vitamin. Wenn wir körperlich aktiv sind, aber auch bei Krankeiten, Medikamenten- und Alkoholkonsum bedürfen wir mehr davon.

Niacin ist am Auf- und Abbau von Fettsäuren, Kohlenhydraten und Aminosäuren, sowie an der Zellteilung beteiligt. Es ist in Fleisch, Fisch, Eier, Milch, Kartoffeln und in Getreideprodukten.

Vitamin B6 ist u.a. an der Bildung der roten Blutkörperchen und am Nervensystem beteiligt. Es findet sich in Sojabohnen, Vollkornprodukten, Kartoffeln, Bananen, Linsen, Fisch …

Folsäure ist für die Zellneubildung zuständig. Weizenkeime, Tomaten, Sojabohnen, Orangen, Vollkornprodukte, Fleisch …enthalten dieses Vitamin. Hegt eine Frau einen Kinderwunsch, so sollte sie schon vor der Schwangerschaft auf ihre Folsäureversorgung achten.

Pantothensäure ist für den Abbau von Kohlenhydraten und Fetten und den Aufbau von Cholesterin zuständig. Leber, Fisch und Fleisch sowie Milchprodukte … enthalten dieses Vitamin. Wer sich einseitig ernährt, riskiert einen Mangel.

Vitamin C ist für den Zellschutz und zur Wundheilung wichtig. Es findet sich in frischem Obst und Gemüse, in Paprika und in Zitrusfrüchten... Wenn wir Eisen aus pflanzlichen Zellen zu uns nehmen, z.B. aus Spiant, sollten wir auch Vitamin C aufnehmen, da so das Eisen besser verwertet wird.

Frisches Obst und Gemüse sind Vitaminträger und echte Schlankmacher. Mit einer ausgewogenen Ernährung kann man auch abnehmen, da die Vitamine z.B. Vitamin C bei der Fettverbrennung helfen. Studien konnten zeigen, dass Menschen mit einem hohen Vitamingehalt leichter abnehmen.

W wie Wasser

Die Erdoberfläche ist zu ungefähr 70 % mit Wasser bedeckt. Davon sind 97 % Salzwasser und nur 3 % sind als Trinkwasser oder Süßwasser für den Menschen zu nutzen. Rechnet man die gesamte Menge an Wasser, die auf der Erde vorhanden ist zusammen, so erhält man die gigantische Summe von 1,386 Milliarden Kubikkilometer. Süßwasser sind nur 48 Millionen Kubikkilometer, davon sind 66 % in den Hochgebirgen sowie im Eis des Polarkreises gebunden und nur 17 % sind im Grundwasser und in der Feuchtigkeit des Bodens lokalisiert.

Der Wasserverbrauch auf der Erde ist sehr unterschiedlich: In Deutschland werden pro Kopf etwa 150 Liter Wasser verbraucht, in Indien 25 Liter. In den USA beträgt der pro Kopf Wasserverbrauch rund 300 Liter täglich.

Wasser ist eine äußerst bemerkenswerte Substanz, eigentlich durchsichtig, formlos und geschmacksneutral, hat es doch entscheidenden Einfluss auf das Leben.

Wasser verhält sich anders als andere Flüssigkeiten. Kühlt man es ab, so zieht es sich bis 4 °C zusammen. Wird es dann aber noch weiter abgekühlt, so dehnt es sich wieder aus. Paradoxer Weise ist gefrorenes Wasser bei 0°C um 10 % größer als bei 4°C. Dies nennt man die Anomalie des Wassers. Diese Eigenschaft ist sehr wichtig für uns, denn nur so kann es sein, dass die Eisdecken im Winter auf den Seen und Meeren schwimmen. Die Seen würden sonst von unten nach oben durchfrieren und die Ökosysteme würden mit den Nahrungsketten nicht so funktionieren, wie wir es kennen.

Wasser ist allgegenwärtig. Der Mensch besteht zu etwa 65 % aus Wasser und eine Tomate zu 95 %. Das menschliche Blut besteht sogar zu 80 % aus Wasser. Dieses Wasser im Menschen stammt aus der Flüssigkeit und aus der Nahrung, die er zu sich nimmt, doch nicht ausschließlich. Denn 350 Milliliter Wasser stellt der Mensch selbst jeden Tag her. Und zwar, wenn der Mensch den Sauerstoff, den er in den Lungen aufgenommen hat, in den Zellen veratmet um Energie zu gewinnen. Das nennt man Atmungskette.

Dafür verdunsten wir Wasser aber auch: 500 Milliliter über die Lungen, 350 Milliliter verlassen uns als Wasserdampf über die Haut und 100 bis 350 Milliliter als Schweiß. Trinken müssen wir täglich 2 bis 3 Liter Wasser.

Eine Faustregel besagt, dass wir ohne Nahrung ungefähr drei Wochen überleben können, ohne Wasser nur drei Tage. Leidet der Körper unter Wassermangel, so hat das schlimme Folgen: angefangen mit Schwindel und Kopfschmerzen über Übelkeit bis zum Kreislaufkollaps mit Lebensgefahr und Tod.

Seit 2010 hat die UNO den Zugang zu sauberem Wasser als Menschenrecht festgeschrieben. Tatsächlich müssen jährlich ungefähr 1,5 Millionen Menschen an den Folgen von verunreinigtem Wasser sterben. Weltweit leiden ca. 400 Millionen Kinder an einer unzureichenden Wasserversorgung und sterben daran.

Wussten Sie schon?

Der Angelfall in Venezuela ist mit 978 Metern der höchste Wasserfall.

Das Kaspische Meer ist der größte See . Er ist 371.000 Quadratkilometer groß.

Der Nil ist mit einer Länge von 6.671 Kilometern der längste Fluss der Erde.

Auf der Hawaii-Insel Kauai regenet es am häufigsten, nämlich an rund 350 Tagen im Jahr.

X wie X

Das X ist eine römische Zahl, die für unsere Zehn aus dem Dezimalsystem steht.

Römische Zahl	Dezimalzahl
I	1
II	2
III	3
IV	4
V	5
VI	6
VII	7
VIII	8
IX	9
X	10

Wie sind die Römischen Zahlen entstanden?

Römische Zahlen müssten eigentlich Römische Zahlenschrift oder Lateinische Zahlen heißen, da sie nicht wie unser Dezimalsystem aufgebaut sind, sondern als ein Additionssystem, d.h. es wird immer etwas hinzugefügt. Die 9 hingegen wird in einer Substraktionsschreibweise dargestellt.

Hier wird von der zehn einer abgezogen. Man könnte auch sagen, die zehn ist einer vor der neun.

Wie der Name schon sagt, basiert das System auf den alten Römern der Antike (800 – 146 v. Chr.). Römische Buchstaben wurden in Form von sieben Großbuchstaben dargestellt: I (1), V (5), X (10), L (50), C (100) , D (500), M (1000)

Wir schreiben das Jahr 2020. In den Römischen Zählzeichen heißt dies „MMXX" wohingegen 2019 noch als „MMXIX" dargestellt wurde.

Über den genauen Ursprung dieser Zahlenzeichen ist man sich nicht ganz einig. Man weiß nicht so genau, ob Einflüsse der alten Etrusker, die in der heutigen Region der Toskana lebten, am wirken waren oder ob das westgriechische Alphabeth von den Römern aufgenommen wurde. Einig ist man sich jedoch darüber, dass die Römischen Zählzeichen auf alten Kerbzeichen basieren, die dazu verwendet wurden, Hausrat, Menschen, Vieh und Geld zu zählen.

Die Darstellung in Großbuchstaben wird jedoch für große Zahlen, ab 10.000 für MMMMMMMMMM unübersichtlich. Das Rechnen war kompliziert. Die Römischen Zahlzeichen wurden dann 1200 von unserem heute gültigen Arabischen Ziffern abgelöst. Dadurch konnten auch komplizierte mathematische Zusammenhänge, sogenannte höhere Mathematik, dargestellt werden. Heute finden wir Römische Zahlen noch in der Nummerierung oder bei den mathematischen Sonderzeichen.

Aber woher kommen denn unsere Arabischen Ziffern?

Unsere Zahlen setzen sich aus Ziffern zusammen. Z.B. die Ziffern eins und null bedeuten die Zahl zehn. Ganz ursprünglich stammen die Ziffern aus Indien und zwar aus der Zeit 300 v. Chr. Deswegen müssten wir eigentlich auch indio-arabische Zahl sagen. Die Zahlen blieben nicht in Indien, weil die Araber Persien und Mesopotamien besetzten, wo auch schon das indische Zählsystem vorherrschte. Dadurch gelangten die indischen Ziffern von Persien nach Syrien. Das war im 7. Jahrhundert n. Chr. Gut 100 Jahre später gelangten die indischen Zahlen als Arabische Ziffern mit den Mauren, das waren muslimische Araber, nach Spanien. Und von dort weiter nach Europa hinein. Bis heute haben unsere arabischen Zahlen einige Wandlungen durchlaufen. Aber gleich geblieben ist das Herzstück des Systems: die Null als vollwertige Zahl. Die 0 als vollwertige Zahl taucht schon in einer 628 n. Chr. von einem indischen Astronom und Mathematiker, verfassten Schrift auf. Das war schon wegweisend.

Y wie Yoga

Yoga ist im Westen eine beliebte Sportart zum Training des ganzen Körpers geworden. Dabei geht es meist um die physischen Übungen, die in Form von sogenannten Asanas in Verbindung mit Atemübungen ausgeführt werden. Neben der Körperkräftigung geht es aber auch um das Training der mentalen Stärke.

Yoga ist ein uraltes Übungssystem mit hinduistischen und buddhistischen Wurzeln, vermutlich mit tausendsten von Jahren das älteste der Welt. Die ersten schriftlichen Ausführungen stammen von 800 v. Chr. aus Indien. 800 n. Chr. schrieb der große Yogameister Shankaracharya Vedanta seine Ansichten über Yoga und Philosopie auf. Yoga hatte eine Blütezeit zwischen dem 6. Und dem 16. Jahrhundert. Danach wurde Yoga u.a. durch die Kolonisation der Engländer in den Hintergrund gerückt. Doch seit den 1920er Jahren erfährt das omnipotente Übungssystem eine Wiederaufwertung weltweit. Berühmte Yogameister, Gurus, wie Krishnamacharya haben im Westen Lehrer ausgebildet, die das Yogawissen weitergeben. Heutzutage geht man von ungefähr 400 Millionen übenden Anhängern aus, davon soll es in Deutschland vier Millionen geben.

Im eigentlichen Sinn geht es bei Yoga um das Streben nach Erlösung und die Beruhigung des Geistes auf einem spirituellen Weg. So möchte der Übende zu einer höheren Erkenntnis gelangen.

Es gibt verschiedene Yogarichtungen, z.B. Kundaliniyoga, welches sehr dynamisch ist. Mit spirituellen und körperlichen Übungen um Geist und Körper sollen diese in ein Gleichgewicht gebracht werden. Hier gibt es keinen Wettbewerb. Beim Yoga wird bewusst ein- und ausgeatmet und der Atem gezielt eingesetzt.

Die Gründe, warum Menschen mit Yoga beginnen sollten sind, dass es glücklich macht. Das haben Forscher bestätigt. Denn durch ein einstündiges Praktizieren steigt der Gehalt an Gamma-Aminobuttersäure um 27 % im Gehirn, welches Glücksgefühle auslöst.

Yoga steigert den Stoffwechsel und entgiftet den Organismus, dadurch dass während der Ansanas so bewusst geatmet wird. Dieses nämlich produziert Wärme, welche die Durchblutung steigert und den positiven Effekt auslöst.

Yoga wirkt Stress entgegen, denn es hat positive Auswirkungen auf das vegetative Nervensystem. Dadurch wird der Parasympathikus angeregt, der den Körper beruhigt. Studien belegen, dass das Stresshormon Cortisol durch ein dreimonatiges Yogatraining gesenkt wird.

Durch Yoga werden Sie beweglicher. Und Yoga führt zu einem verbesserten Schlaf, was auch mit dem Parasympathikus zusammen hängt, der durch Yoga angeregt wird. Das haben wiederum Studien gezeigt.

Ansanas heißen z.B. Sonnengruß, Katzenbuckel und lächelnde Meerjungfrau.

Z wie Zoologische Fakten

Vielen Menschen ist die Gesamtheit aller verschiedenen Tierarten nicht klar. Weltweit wird die Anzahl der Tierarten auf ungefähr 1,8 Millionen geschätzt. Die Gesamtheit der Insektenarten alleine zählt bereits 1.000.000. Damit bildet diese die mit Abstand artenreichste Klasse der Tiere. 60% aller Tierarten sind Insektenarten.

Da noch sehr viele Gebiete unerforscht geblieben sind, gehen Forscher davon aus, dass es noch weit mehr uns unbekannte Tierarten geben muss. Mit dieser Vorstellung erhöht sich auf unserer Erde die Anzahl der Arten auf 5 bis 50 Millionen, wovon jedoch 90% unbekannte Arten sind, welche wahrscheinlich bereits ausgestorben sein werden, bevor wir sie entdecken.

Weltweit gibt es bemerkenswerte Populationsbestände, wie etwa die der Ameisen. Diese erstrecken sich auf schätzungsweise 100 Milliarden Exemplare. Der Mensch ist zwar mit seinen fast 8 Milliarden Individuen deutlich unterlegen, ist dafür aber am weitesten auf unserem Planeten verbreitet. Einen ähnlichen Populationsbestand bilden die Ratten und auch die Mäuse.

Allein jedes Jahr werden 10.000 neue Insektenarten entdeckt. Doch genauso viele wie entdeckt werden, sterben leider auch aus oder sind vom Aussterben bedroht. Zoologen und

Naturschützer reden bereits von einem sechsten Artensterben. Ein Grund dafür sind Waldrodungen, wodurch viele Tiere ihren natürlichen Lebensraum verlieren. Pro Tag sterben ungefähr 150 Arten aus, 20.000 Arten sind vom Aussterben bedroht. Weitere lebensraumverändernde Faktoren sind die Verschmutzung der Ozeane und das Austrocknen vieler Flüsse und Seen aufgrund der sich verändernden klimatischen Bedingungen.

Die karibischen Korallenriffe leiden besonders unter steigenden Wassertemperaturen und der Übersäuerung durch Aufnahme von Kohlenstoffdioxid aus der Erdatmosphäre im Laufe der globalen Erwärmung. Bereits 80% des karibischen Korallenriffs wurde bereits zerstört.

Weitere bemerkenswerte Tierfakten liegen in den kuriosen Verwandtschaften innerhalb der Tierwelt. So ist zum Beispiel die Schildkröte mit den Vögeln verwandt und ein naher Verwandter der Fledermaus ist der Igel. Außerdem ist der Stammbaum des Tapirs auf eine Verwandtschaft zum Pferd zurückzuführen. Besonders kurios erscheint jedoch, dass der nächste Verwandte des furchteinflößenden Tyrannosaurus Rex das Huhn ist.

Tiere überraschen und faszinieren uns immer wieder aufs Neue. Der älteste Mensch wurde 122 Jahre alt. Doch gibt es einige einzelne Tiere, die dieses Alter mühelos überschreiten. Mit einem erstaunlichen Alter von 10.000 Jahren hat es der Riesenschwamm Anoxycalyx joubini geschafft nahe der antarktischen Halbinseln in Tiefen von 15 bis 441 Metern zu überleben. Dies ist selbst unter den Riesenschwämmen ein Rekordalter, da die Lebensbedingungen extrem günstig sein müssen, um einen möglichst niedrigen Sauerstoffverbrauch und Stoffwechsel zu ermöglichen.

Das größte Tier der Welt ist zwar der Blauwal, jedoch wurde im Jahr 2000 das größte Lebewesen der Erde in Oregon, USA entdeckt. Dabei handelt es sich um einen Riesenpilz, der sich über rund neun Quadratkilometer erstreckt. Das entspricht in etwa der Fläche von 1200 Fußballfeldern.

Uns erscheint er klein, doch ist der Mistkäfer vergleichsweise einer der Stärksten unter den Tieren. Er ist im Stande das 1150-fache seines eigenen Körpergewichts zu heben. Im Vergleich würde ein durchschnittlicher Mensch mit der Kraft eines Mistkäfers etwa 11 Elefanten gleichzeitig tragen können.

Während der Mensch mit einer Kraft von ungefähr 80 kg zubeißen kann, beträgt die gemessene Beißkraft eines Weißen Haies zwei Tonnen. Ein Urahne des Weißen Hais besaß sogar die erstaunliche Beißkraft von 18 Tonnen.

Nun zum Schluss..

Vielen Dank, dass Sie dem Allgemeinwissen von A – Z Ihre Aufmerksamkeit geschenkt haben. Es freut mich, wenn Sie neue, interessante Fakten erfahren haben, Ihre Neugier angekurbelt wurde und Sie Wissenswertes mit Ihren Mitmenschen teilen konnten.

Gesundes Wissen kann niemals schaden...

Ihr Christian Bunt

Rechtliches und Impressum

Jahr der Veröffentlichung: 2020

1.Auflage

Impressum

Der Autor Christian Bunt ist vertreten durch:

Daniel Thiele

Kirchweg 22

55234 Freimersheim

Covergestaltung: fiverr.com/germancreative

Coverfoto: despositphotos.com

E-Mail: support@th-publishing.de

Printed in Poland
by Amazon Fulfillment
Poland Sp. z o.o., Wrocław

Literatur

Bauer, G.: *Lehrbuch Fußball*. München 1990

Bisanz, G. / G. Gerisch: *Fußball – Training, Technik, Taktik*. Reinbek 1984

Bisanz, G. / N. Vieth: *Grundlagen- und Aufbautraining*. Münster 1995

Dargatz, T.: *Fußball Konditionstraining – Schnelligkeit und Kraft*. München 1995

Grosser, M. / S. Starischka / F. Zintl: *Konditionstraining*. München 1993

Martin, D.: *Grundlagen der Trainingslehre*. Schorndorf 1977

Mayer, R.: *Spieltraining Fußball*. Reinbek 1992

Mayer, R.: *Fußball trainieren*. Reinbek 1996

Weineck, J.: *Optimales Fußballtraining*. Erlangen 1992

Zeitschrift

Bisanz, G. (Hrsg.): *Fußballtraining. Zeitschrift für Trainer, Sportlehrer und Schiedsrichter*. Münster (monatlich)

Der Autor

Rolf Mayer, geb. 1953, Studium der Pädagogik und der Fächer Sport und Deutsch in Karlsruhe, Sonderpädagogik in Heidelberg, Grund- / Haupt- und Sonderschullehrer. Aktive Laufbahn als Spieler in der Jugendverbandsliga und in der 1. und 2. Amateurliga. Überfachlicher Übungsleiter, Jugendtrainer, B- und A-Lizenz des DFB. Trainertätigkeit über 15 Jahre in fünf verschiedenen Spielklassen der Herren und in der Damenbundesliga, als Fördertrainer und Kreisübungsleiter des Fußballkreises Pforzheim; Honorartrainer des Badischen Fußballverbandes seit 1991.

Im Rowohlt Taschenbuch Verlag ist von Rolf Mayer bereits *Spieltraining Fußball* (rororo Sport 8674) und *Fußball trainieren* (rororo Sport 9421) erschienen.

AUFGABENBESCHREIBUNG

Die Spieler befinden sich in dem im Anspielkreis abgesteckten Quadrat. An den Ecken der Strafräume ist jeweils 1 Hütchen plaziert. Die Spieler sind partnerweise in Besitz eines Sprungseils. Das Sprungseil ist bei allen Übungen 1 Mal zusammenzulegen (also zu halbieren); es wird stets gestrafft gehalten.

Während einer der beiden Spieler eine gymnastische Übung vollzieht, trabt dessen Partner um eines der 4 aufgestellten Hütchen an den Sechzehnmeterräumen. Nach der Rückkehr vom Lauf kommt es zum Rollentausch.

1. Seil in Hochhalte (Arme gestreckt über Kopf), Oberkörper (ohne nach vorne abzuknicken) seitlich links und rechts beugen.

2. Seil in Vorhalte (auf Brusthöhe bei gestreckten Armen), leichte Grätschstellung, Oberkörper seitlich links und rechts wegdrehen. In Drehrichtung nachblicken.

3. Rumpfachterkreisen.

4. Seil in Hochhalte, Drehen des Oberkörpers bei leichtem Grätschstand.

5. Seil vor den Körper halten, mit linkem, anschließend rechtem Bein übersteigen und Seil bei abgewinkelten Armen über Rücken und Kopf nach vorne führen.

6. Aus dem Grätschwinkelstand bei leicht abgebeugten Beinen «Pendeln» des Oberkörpers und der gestreckten Arme.

(A)NMERKUNG, (V)ARIATION

(V)   Der Weg zu den Hütchen an den Sechzehnmeterecken könnte auch mit verschiedenen koordinativen Laufformen vorgegeben werden; der Rückweg zum Quadrat sollte dann trabend erfolgen.